리틀씽

# 리틀씽

아주 작고 사소한 것들의 가치

# THE LITTLE THINGS

앤디 앤드루스 지음 | 김정희 옮김

드림셀러

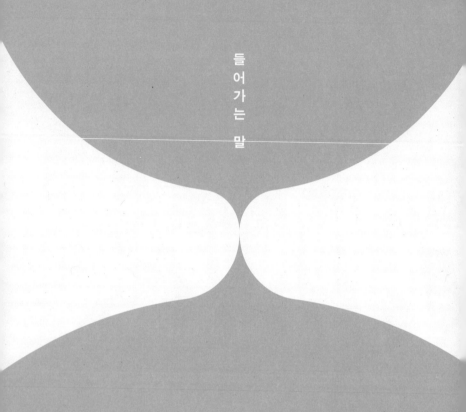

들
어
가
는

말

나는 이제부터 당신이 오랫동안 가지고 있던
일반적인 가정을 뒤집어 보려고 한다.
당신은 자신이 선택한 직업에서 정상에 오르거나
성공적인 삶을 위해 무엇이 필요한지에 대해
오랫동안 품어 온 가정들이 있을 것이다.

간단히 관점을 조정하는 것만으로도 대부분의 사람들이 상상하는 것 이상으로 개인적 혹은 직업적인 면에서 훨씬 더 큰 결과를 만들어내는 방법과 그 이유를 당신은 곧 알게 될 것이다.

관심이 좀 가는가?

먼저 내 소개부터 해야겠다. 내 이름은 앤디 앤드루스고, 통찰가다.

아마 내가 당신이 만난 첫 '전문적인' 통찰가일 수도 있다. '통찰가'라는 말이 색다른 명칭이라는 것은 인정하지만, 내가 하는 일을 이보다 더 완벽하게 설명할 수 있는 단어는 없다. 누군가는 멋진 목소리를 가졌거나 운동에 재능이 있을 수 있다. 또 다른 누군가는 수학, 패션, 교육에 재능이 있을 수도 있다. 하지만 나의 경우는? 나는 사물이나 상황을 잘 통찰하는 재능이 있다. 좀 더 정확히 말하면, 다른 사람들이 놓치는 것을 알아차릴 수 있다.

우리가 이제 서로 막 알게 되었다면, 당신이 어떤 반응을 보일지 짐작이 간다. "진짜예요? 당신이 사물이나 상황을 잘 '통찰한다'고요? 에이, 이봐요! 그런 걸로 어떻게 먹고살아요?"

왜 그런 질문을 하는지 충분히 이해한다. 나도 내 자신한테 한두 번 물어본 게 아니었다. 오랫동안 통찰가로서 생계를 꾸려나갈 수 있을지 궁금했었다! 하지만 통찰가는 내가 계발한 기술이 아니고, 그냥 타고난 어떤 것이다. 어쨌든 내 인생에서 재미있는 것만 통찰했던 시기가 있었다. 적어도 내가 생계를 유지할 수 있을 만큼은 재미있었다. 그때 나는 코미디언이었으니까.

사실이다. 수년 동안 나는 라스베이거스에서 일했고, 대학교 캠퍼스에서 공연도 하고, 텔레비전 토크쇼에도 출연했다. 케니 로저스, 셰어Cher(미국의 가수 겸 영화배우), 가스 브룩스Garth Brooks(미국의 가수) 등 그 당시 쇼 비즈니스계의 내로라하는 유명 인사들과 순회공연도 다녔다. 그리고 하나 일러두고 싶은 것이 있는데, 나는 꼬박 2년 동안 조안 리버스Joan Rivers(미국의 코미디언 겸 배우)의 오프닝 공연을 맡았었다!

이 모든 일은 통찰가로서의 재능 덕분에 가능했다. 나는 다른 사람들이 매일 일상에서 보는 것을 나도 똑같이 보고, 다른 사람들이 듣는 단어나 구절을 나도 똑같이 들었다. 그리고 다른 사람들처럼 똑같이 나도 그 단어나 구절을 사용했다. 하지만 어떤 이유에서인지 나는 남들보다 아주 조금 다른 것을 보고, 듣고, 인지했다. 예를 들면 이렇다.

어머니는 내게 "막대기 들고 장난치지 마라. 그러다 눈알 빠질라!"라고 말씀하시곤 했다. 하지만 나는 막대기로 눈알을 빼낼 수는 없다고 생각했다. 눈을 찌를 수는 있겠지만 진짜 눈알이 빠지려면 콧속으로 막대기를 집어넣어 안쪽에서 밖으로 눈알을 쳐야 하니 말이다.

이제 내가 아주 조금 다른 것을 보고, 듣고, 인지한다는 말이 무슨 뜻인지 알겠는가?

그러다가 언젠가부터 나는 단순히 웃기는 것 말고도 청중에게 더 해줄 수 있는 방법이 없을지 고민하기 시작했다. 결론은 '해줄 수 있다'였다. 사실, 내가 일상에서 유머를 찾아내기 위해 발휘한 능력은 오늘날 내가 미묘한 차이들을 식별하는 데 사용하는 것과 동일하다. 이 미묘한 차이를 잘 활용하면 개인이나 팀, 그리고 기업에서는 극적인 차별화를 꾀할 수가 있다.

지금 내 인생에서 가장 중요한 부분은 남편으로서, 아버지로서의 역할이지만 나는 꾸준히 주요 스포츠팀, 대기업, 학부모, 교회, 지역사회, 때때로 정부 지도자, 군인 등과 협력하며 일하고 있다.

또한 소설이나 에세이를 비롯한 많은 내 책들이 역사, 영어, 독서, 문학 등의 학교 수업에서 부교재로 사용되고 있다.

교사들이나 교수들이 내 책들에 관심을 보이자 나보다 더 놀란 사람도 없었을 것이다. 하지만 교재 문의가 들어오면서 나는 내 책들과 책들이 활용되는 교육과정에 대해 한 가지 결정을 내렸다. 그것은 내 책을 활용하는 전체 교육 프로젝트의 방향을 180도, 정확히는 교육 및 출판 업계의 규범을 정반대로 바꾸어 놓는 것이었다. 나는 교육과정을 제작하는 데 드는 비용을 부담하고, 교육 전문가들에게 자료를 무료로 나눠주기로 했다.

아무도 예상치 못한 행보였다. 하지만 나는 공교육의 산물이며 아이들의 학습을 돕고 싶어 하는 교사와 학교에 무엇이 필요한지 직접 경험한 적이 있다. 안타깝게도 그들은 정부에서 요구하는 기본 교육과정을 보충할 수 있는 (최고의 자료는 커녕) 교육 자료를 구입할 여력이 없는 경우가 많았다.

오늘날 교육자들은 내가 제공한 유치원에서부터 중·고등학교, 그리고 대학교 및 대학원 과정에 맞게 설계된 각각의 교육과정 중에서 학생들에게 맞는 적합한 교육과정을 찾아내 활용하고 있다. 무려 2,500곳이 넘는 학교 및 대학 과정에서 말이다.

그런데 이 모든 일은 내가 어떤 점에서 특별해서 가능한 게 아니었다. 수년 전부터 목적을 가지고 의도적으로 '다르게 생각'하려고 했기 때문이다. 앞으로 '다르게 생각'한다는 의미가 어떤 것인지 정확히 알려줄 것이며, 원한다면 당신도 자신만의 다른 결과를 얻을 수 있도록 안내할 것이다.

궁금해하는 사람이 있을까 봐 이야기하자면, 나는 여전히 글을 쓰고 강연하며, 매일 SNS로 전 세계 많은 사람들과 소통하고 있다. 그리고 그 어느 때보다 열정적으로 탐구 중이다. '아주 사소한 것' 하나라도 잘 이해하고 활용하면 당신이 특별한 목적의식과 강력한 결과물을 만들어내는 삶을 창조하게끔 도울 수 있다는 것을 잘 알기 때문이다. 이는 추진력이나 의지

력의 문제라기보다 특정 원칙과 그 원칙이 매번 작동하는 이유에 대해 깊이 이해하느냐의 문제다.

나는 큰 차이를 만드는 사소한 것에 몰두하고 탐색할 때 정말이지 가장 흥분된다. 어쨌든 어떤 것의 가장 작은 본질만이 그것의 순수성 그리고 결국은 그 힘의 원천을 드러낼 수 있다.

이런 말을 들어봤을 것이다. "사소한 것에 목숨 걸지 마라." 수천 번도 더 들어 봤을 이 말은 솔직히 겉으로 보기엔 완전히 논리적인 말처럼 들린다. 우리는 깊이 생각해 보지도 않고 이 순수해 보이는 말의 의미를 전적으로 믿어 왔다. 사실, 얼마나 이 말을 진리라고 굳게 믿는지는 인터넷 검색만 해봐도 알 수 있다. 검색창에 지혜나 명언을 쳐 보면 쉽게 이 문장이 딸려 나올 것이다. 심지어 수백만 명의 사람들이 이 말을 제목으로 한 책을 구매하기도 했다.

하지만 안타깝게도 이 말이 아무리 좋고 그대로 따르고 싶을지라도, 사소한 것에 신경 쓰지 않는다는 것은 큰 문제가 있다. 간단히 말해 그것은 당신이 중요하게 생각하는 삶의 거의 모든 것에 확실히 비생산적으로 접근하는 것이다.

정말로 다른 보통의 사람들보다 더 나은 삶의 결과를 원한다면, 때때로 통념이 진리가 아닐 수도 있다는 것을 이해해야 한다.

즉, 이제는 '사소한 것에 목숨을 걸어야 한다'. 큰 그림을 그리는 사람이라고 주장하는 사람들이 있다. 그들이 설명하는 미래의 결과가 종종 웅대하고 흥미롭게 다가와 종종 우리는 이런 사람들을 너무 빨리 리더의 자리에 올려놓기도 한다. 그들이 큰 꿈을 가지고 있더라도 큰 그림을 실제로 실현하기 위해서는 고려하고, 위임하고, 해결하고, 완성해야 하는 작은 일들이 있는데, 그에 대한 개념은 없을 수도 있기 때문이다.

　물론, 비전을 갖는 것은 매우 중요하다. 하지만 지금까지 모든 큰 그림은 거의 알아볼 수도 없을 정도로 미세한 붓질과 손놀림으로 완성되었다는 사실. 그것을 무시하는 것은 어리석은 일이 아닐 수 없다.

　역사상 가장 위대한 '큰 그림' 중 하나가 파리 루브르 박물관에 걸려 있다. 레오나르도 다빈치는 〈모나리자〉를 그릴 때 자신이 그동안 사용했던 붓 중에 가장 작은 붓으로 작업했다. 그가 그 작은 붓으로 가한 압력은 매우 섬세했고 붓끝의 움직임은 너무 미미해서 오늘날 돋보기로 들여다본다 해도 그의 붓질 하나하나를 구분하기 어려울 정도다. 하지만 한 번에 한 번씩 주의를 기울이고 애정을 담아 붓질을 한 것은 분명하다.

다빈치는 왜 큰 그림에 그토록 작은 붓을 사용했을까? 하지만 작은 붓으로 걸작을 만들어냈다.

그렇다면 당신은 무엇을 창조하고 있는가? 무엇 또는 누구에게 세심한 주의를 기울이며 인생을 만들어 가고 있는가? 가족이 어떻게 되든, 당신의 비즈니스나 조직 또는 팀에 어떤 일이 생기든, 그 마지막 결과가 재앙이든 걸작이든 간에 결국 그 모든 것은 한 번에 한 번씩 그린 작은 붓질로 만들어지게 될 것이다.

그러니 사소한 것에 목숨 걸어라.

진심으로 하는 말이다.

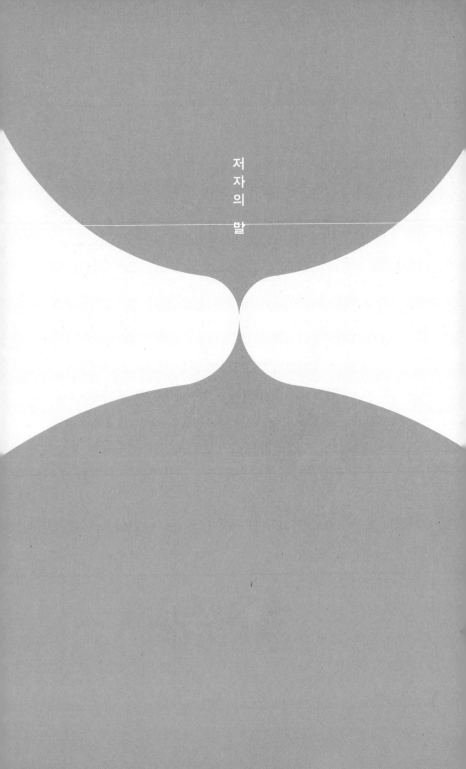

저자의
말

세상에, 아직도 이 책을 읽고 있다니! 좋은 신호다. 손에 책이 여전히 펼쳐져 있다는 것은 '들어가는 말'을 읽다가 창문 밖으로 이 책을 원반 날리듯이 던져버리지는 않았다는 뜻이니 말이다. 그렇다면 아마 당신도 나와 비슷한 사람이 아닐까 생각한다. 나는 '서문'이나 '들어가는 말', '책머리' 등은 거의 읽지 않는 편이다.

하지만 지금 당신처럼 '저자의 말'은 꼭 읽는다. 저자가 독자에게 전달하고 싶었지만 미처 본문에 넣지 못한 사소한 무언가가 담겨 있을 것이라 생각하기 때문이다. 아니면 책이 완성된 후에 알게 된 어떤 내용을 추가했을 수도 있고.

나는 항상 책에 '저자의 말'이 들어가는 것은 점심 식사 때 동료에게 하고 싶은 말이 기억나서 다시 사무실로 돌아오는 것과 같다고 생각했다. '저자의 말'은 동료를 위해 마지막 순간에 쓴 노란색 포스트잇과 비슷하다. 믿거나 말거나 대부분의 저자는 책을 쓰면서 독자가 자신의 책을 읽는다고 상상한다. ('오, 독자가 이 부분을 마음에 들어하겠지!'라고 생각한다.) 원고가 완성되면 저자는 독자와 관계를 형성했다고 느낀다. 독자는 모르겠지만….

　나도 그렇다. 책을 완성하고 나면 독자가 내 마음속에 어른거린다. 이상하게 들리겠지만, 나는 독자가 그립다. 특정 구절을 내가 어떻게 표현해야 독자가 더 좋아할지 이리저리 생각해 보는 게 그립다. 가끔은 독자에 대해 조금 걱정하기도 한다. 마음속으로 책의 일부를 훑어보면서 궁금해한다. '이 구절을 잘 이해할까? 이 구절이 도움이 될까? 이 구절이 너무 가혹해 보이지는 않을까? 이 책을 아이에게 읽어주고 싶어 할까?'

몇 달 뒤 출판사에서 저자 교정을 위해 원고를 다시 보내오는데, 그때마다 어김없이 나는 여기에 '저자의 말'을 추가해야겠다고 요청한다.

"왜요?" 출판사는 늘 변함없이 묻는다.

"설명하고 싶은 부분이 있어서요"라고 답하거나 아니면 "책을 읽기 전에 독자에게 일러두고 싶은 사항이 몇 가지 있어서요"라고 말한다.

출판계에서는 저자가 원한다면 독자에게 공식적으로 전하고 싶은 말을 넣을 수 있다는 것을 인정한다. 이것은 저자의 특권이기도 하다. 이것을 흔히 '저자의 말'이라고 부른다. 이를 두고 출판사가 이의를 제기하는 일은 거의 없다. 하지만 뭔가 밝혀야 할 것 같은 기분에다 '저자의 말'이 독자에게 보내는 개인적인 메시지기 때문에 나는 이 부분이 출판사의 관여

없이 내가 하고 싶은 말을 하는 유일한 부분일 수 있다고 생각한다.

'들어가는 말'이나 '서문'이 다음의 경우에 해당한다. 책이 비소설일 경우 출판사는 이 부분이 들어가야 한다고 고집한다. 물론, 나는 그들의 논리를 이해한다. 소설에는 독자를 사로잡을 이야기가 있다. 소설은 시작부터 독자의 관심을 끌며 "나를 내려놓지 마세요!"라고 외칠 만한 매력적인 요소나 장치들을 가지고 있다. 하지만 암살이나 폭탄 사건들과 같은 임팩트를 가지고 비소설 분야의 책을 시작하기란 쉽지 않다. 그래서 '들어가는 말'이나 '서문' 등을 활용하는 것이다. 출판사는 이 부분에서 별로 흥미롭지 않은 주제이지만, 독자가 이 책을 덮지 않고 계속 읽을 수 있도록 설명해주기를 바란다.

그런데 나는 '들어가는 말'도 그저 너무 이상하게 보인다.

"'들어가는 말'을 썼나요?" 출판사에서 물어볼 것이다.

무슨 '들어가는 말'이요? 대부분의 저자는 궁금해 한다. 무엇을 써야 하나요? 무슨 내용을 읽게 될지 굳이 말해야 할까요? 그들은 이미 책을 샀잖아요. 그냥 읽으라고 하면 안 되나요? 이미 말한 내용을 다른 방식으로 말하라는 건가요? 왜요? 이미 가능한 한 명확하게 설명했고 책에 다 있는 내용인데요. 좋은 버전을 읽기에 앞서 독자들이 그보다 못한 버전의 글을 읽기를 바라는 건가요? 안 좋은 버전을 읽은 후에도 독자들이 여전히 그 책을 계속 읽고 싶어 할까요?

그러고는 다시 이 책에 '서문'이 필요한 것 같지 않느냐고 묻는다. 그러고는 '서문'을 써줄 사람을 직접 찾을 건지, 아니면 출판사 측에서 '서문'을 써줄 인플루언서를 섭외하길 바라는지도 묻는다.

나는 다시 한 번 묻지 않을 수 없었다. "인플루언서가 무슨 말을 해주길 바라나요? '와우, 이 책 정말 훌륭하네요! 이 책 강력 추천합니다'와 같은 말을 원하나요? 다시 말하지만, 독자는 이미 이 책을 가지고 있어요. '들어가는 말', '서문'만 없애도 책을 읽을 뻔했던 독자를 진짜로 책을 읽게 했을지도 모른다고요!"

이런.

그러고 보니 그런 생각 때문에 나는 그동안 숱하게 '들어가는 말'을 건너뛰고, 수백 개가 넘는 '서문'을 건너뛰었던 것 같다. 솔직히 그 부분들은 대개 지루하다. (이 글을 읽고 있는 내 작가 친구들에게는 내가 그들의 책을 언급하는 것이 아니라는 것을 확실히 해두고 싶다. 사실 나는 개인적으로 그들의 책에서 지루한 '서문' 또는 '들어가는 말'을 본 적이 없다.)

만약 누군가 책의 본론에 특히 책 내용이 본격적으로 시작되기 전에 무언가를 덧붙이기로 결정했다면 부탁하건대, 부디 나를 지루하게 하지 말아달라. 나는 지루하느니 차라리 죽는 게 낫다. 그러니 내게 유용한 정보를 주거나 나를 즐겁게 해주길 바란다. 웃겨주거나 뭔가 가르쳐주길 바란다. 아니면 나를 흥분하게 하거나 그냥 재미있게라도 해주면 좋겠다.

내가 '저자의 말'을 쓴 이유는 이 책에 쓴 글 방식을 간략하게 설명해서 출판사가 우리 할머니가 종종 말씀하시던 신경질을 부리지 않도록 하려는 것이다. (예를 들어, 할머니는 내게 "얌전히 좀 있거라. 사람들 다 보는 앞에서 그렇게 신경질을 부리면 안 되지"라고 말씀하시곤 했다.)

나는 친애하는 독자와 함께 뒷마당에서 아이스티 한 잔을 마시며 나누는 대화처럼 이 책을 썼다. 나는 뭔가를 한참 떠들어댈 것이다. 때로는 잘난 체하며, 때로는 망치로 때려 박듯이 어떤 의견을 밀어붙일 것이다. 때로 우리는 벽을 허물고 다시 망치로 뭔가를 때려 박아 넣을 수도 있다. 나는 단어를 새로 지어내거나 문장을 다 끝맺지 않은 채로 넘어갈 수도 있다. 또 어떤 장은 길고 또 어떤 장은 다소 짧을 수도 있다. 하지만 약속하건대, 독자를 지루하게 만들지는 않을 것이다.

지루함은 현대 사회에서 자기기만의 가장 큰 예측변수이며, 21세기에 엄청나게 많은 사람들이 '읽기공포증'을 겪고 있다는 사실이 그 예다. 다시 말하면 너무 많은 사람들이 자신은 읽는 것을 좋아하지 않는다고 생각한다는 것이다. 이는 사람들의 착각이다. 그들은 읽기를 좋아한다. 단지 그렇지 않다고 생각할 뿐이다.

실제로 내가 만난 사람들 중에 자신은 '읽는 것을 좋아하지 않는 사람'이라고 말하는 사람들이 있는데, 그들 모두 채 몇 분도 지나지 않아 그 생각이 착각이었음을 내게 인정했다. 그 사실에 나는 놀라움을 금치 못한다. 정말 흥미롭지 않은가?

나는 웃으며 그들에게 이렇게 말한다. "이봐요, 믿을 수가 없네요." 웃으면서 나는 마치 몰래 카메라에 나온 것처럼 잠시 주위를 둘러보다가 의심스러운 듯 눈을 가늘게 뜬다. "진짜… 당신을 큰 소리로 웃게 만든 어떤 것을 읽어 본 적이 없다고 말할 건가요? 읽으면서 눈물을 흘리거나 목구멍에 뭔가 덩어리가 걸린 것 같았던 글이 단 하나도 없었어요?"

나는 잠시 뜸을 들였다가 재차 묻는다. "진짜예요? 내 말은 그러니까… 정말로요? 여기 서서 내 눈을 똑바로 쳐다보고 말해 보세요. 하루 종일 뭔가 생각한 것이나 아니면 다른 사람과 얘기했던 어떤 거라도 읽은 게 하나도 없다고 말할 셈이에요? 이야기해 봐요. 현실적으로 생각해 보자고요." 나는 눈을 크게 뜨고 말한다. 둘 다 웃고 있다. 그리고 이렇게 다시 묻는다. "그냥 대답해 봐요. 솔직하게 당신을 감동시킨 이메일을 읽은 적이 없었나요? 아니면 너무 좋아서 바로 친구들에게 전달했던 이메일을 읽은 적이 진짜 없어요?"

이쯤 되면 아무리 꿋꿋하게 버티던 사람도 결국 내가 언급한 모든 것을 해봤다는 것을 인정한다. 그 순간, 방금 아이디어가 떠오른 것처럼 밝아진 나는 최후의 한 방을 날려 종지부를 찍는다. "오⋯." 마치 모든 것이 명확해지는 것처럼 운을 떼고는 말한다. "무슨 말인지 알겠어요. 읽는 걸 좋아하지 않는다는 말은 그러니까 지루하고 재미없는 책을 읽는 걸 좋아하지 않는다는 뜻이군요. 놀랍군요. 나도 그렇거든요!"

그때 나는 웃으며 그들의 눈을 똑바로 쳐다본다. 물론 그들도 웃고 있다. 덫에 걸린 걸 알기 때문이다. 나는 무슨 모의라도 하듯 이렇게 말한다. "보세요, 내가 작가라는 걸 아시잖아요. 하지만 내 책을 꼭 읽어야 한다는 말은 아닙니다. 인생에서 원하는 것을 얻으려면 누군가의 책을 읽어야 해요. 눈물이 날 정도로 당신을 지루하지 않게 해줄 사람을 찾아보세요." 우리는 웃음을 짓는다.

마지막으로 몇 마디를 덧붙이고 싶다. "그거 아는가? 나는 지루한 책을 읽는 것만 싫어하는 게 아니라 지루한 건 모두 싫다. 아주 잠시라도 못 견딘다. 내게 지루함을 치료하는 확실한 방법이 있는데, 독자도 그 방법을 시도해 보면 좋겠다. 나는 종종 그때그때 읽고 있는 책을 몇 장씩 쭉 뜯어서 주머니에 아무렇게나 쑤셔 넣고는 한다. 편의점 계산대에서 줄을 서 있을 때나 화장실에 있을 때, 또는 아내나 아이들을 기다릴 때 나는 지루함을 느끼는데, 그럴 때마다 주머니에 넣어 둔 그 종이들을 꺼내 잠깐씩 읽는다.

"걱정 말고 그냥 책 몇 장 찢으세요. 잘못된 행동은 아니에요. 성경을 찢는 것도 아니고요(만약 성경책을 몇 장 찢는다고 해도 그 안에 있는 내용을 읽기만 한다면 분명 하나님께서도 허락하실 겁니다). 30초 또는 1분 내에 내가 더 많은 매출을 올리거나 가정에 더 많은 평화를 가져다줄 수 있는 유익한 내용을 읽을 수 있다면 나는 그렇게 할 겁니다. 오히려 가만히 서서 지루하게 아무것도 하지 않는 것이 더 용납할 수 없는 일이죠."

작가로서 지루함은 있을 수 없는 일이기에 일부러 이 책을 짧게 썼다. 이 책에는 이야기들이 담겨 있다. 내가 전하고 싶은 이야기, 또 그 이상의 목적이 있는 흥미로운 이야기들이다. 어떤 장은 짧고, 또 어떤 장은 조금 더 길다. 웃음을 자아내는 장도 있을 것이고 불편하게 느껴지는 장도 있을 테지만, 부디 이 책을 통해 독자들이 이전과 다르게 생각하는 기회를 갖게 되길 바란다. 가정에 평화를 가져다줄 장도 있고, 알려주는 내용을 잘 활용하면 많은 돈을 벌거나 당신이 속한 팀에 성과를 가져다줄 장도 있으니 깊이 있게 읽어 보길 권한다.

어쨌든 당신이 이 책을 한 쪽 한 쪽 읽을 때마다 사소한 것들 찾을 수 있을 것이라 확신한다. 그것은 당신이 꿈꾸는 삶을 살 수 있도록 도와줄 것이다. 그러니 당장 시작해라. 지금 바로 이 책의 몇 장을 찢어 주머니에 넣는 것부터!

앤디 앤드루스, 앨라배마 오렌지비치에서

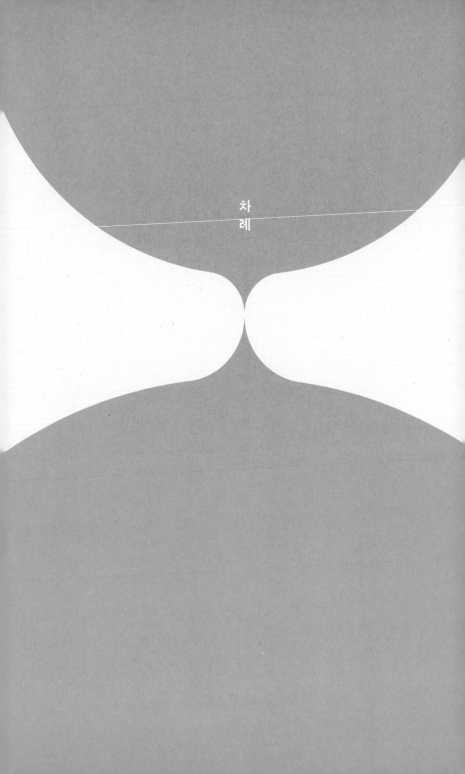

차
례

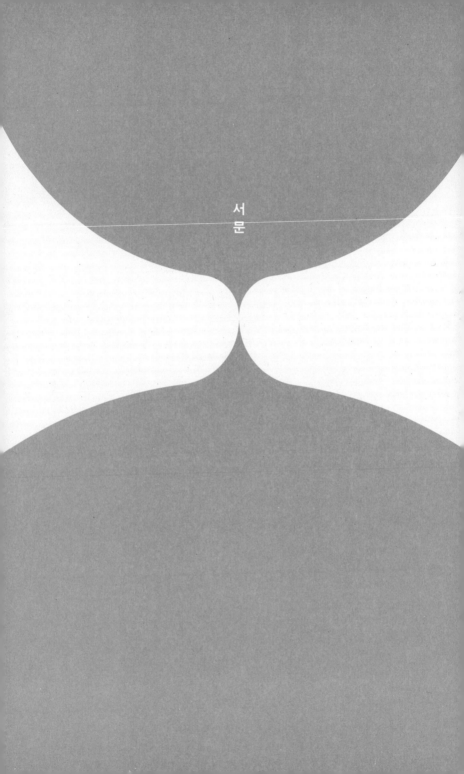

서
문

하하! 농담이다.

서문은 없다. 어서 다음 장으로!

사
소
한
것
들

# 숫자1

얼마나 많은 아이디어가 세상 어딘가에서 당신이 나타나주길
끈덕지게 기다리고 있을까?

그 노래가 어떻게 되더라? 당신이 이 노래를 알고 있을지 모르겠다.


'1은 당신이 만날 수 있는 가장 외로운 숫자야….'


생각해 보면 이 노래 정말 놀랍다. 해리 닐슨은 어떻게 세상에서 가장 작은 숫자에 대한 곡을 쓸 생각을 했을까? 쓰리독 나이트Three Dog Night는 이 곡을 싱글 앨범에 수록했고, 공전의 대 히트를 기록했다!

물론, '1'은 작지도 외롭지도 않다. '1'은 많은 힘이 담겨 있다. 그렇다. 하나, 1초, 1도, 하나의 아이디어, 하나 더….

'하나 더'라고 하면? 아, 그럼 '둘'이 된다. 하지만 하나와 둘 사이에는 엄청난 차이가 있다. 1967년부터 1973년까지 존 우든John Wooden 감독이 이끄는 UCLA 남자 농구팀이 전국 챔피언십에서 일곱 번이나 연달아 우승하는 놀라운 기록을 세웠다. 맞다. 정말 놀랍다. 그 팀은 7회 연속 1위로 시즌을 마감했다. 그런데 혹시 그때마다 2위를 차지했던 팀들이 어디였는지 기억하는가?

지난 해 슈퍼볼 우승팀은 어디인가? 누군가 대답할 것이다. 그럼 준우승을 했던 팀은? 이상하다. 그렇지 않은가? 미식축구리그NFL 협회에 소속된 팀은 30여 개 남짓인데, 우리 대부분이 불과 작년 2위 팀을 기억하지 못하다니 말이다!

현대 올림픽은 한 세기가 훨씬 넘는 기간 동안 많은 사람들의 기억에 남을 수많은 전설적인 순간들을 탄생시켰다. 그런데 나는 당신이 금메달을 딴 선수들의 이름을 몇 명이나 댈 수 있을지 궁금하다. 그다음 기억나는 은메달 선수들의 이름을 써 보자. 실망할 필요는 없다. 나도 두 명 이상은 기억하지 못하니까. 하지만 그게 중요한 사실이다. 그렇지 않나? 이렇게 하나와 둘 사이에는 큰 차이가 존재한다.

하나의 아이디어는 어떨까? 비행기, 페니실린, 에어컨, 컴퓨터 등은 우리 삶을 획기적으로 변화시킨 발명품들이다. 이 사례들 말고도 우리 삶을 변화시킨 수많은 발명품이나 발견들은 실제로 작동 가능한 물리적 형태로 실현되기 전까지는 그저 아이디어에 불과했다. 하나의 아이디어. 모두 거기에서 출발한 것이다. 이는 엄청난 깨달음이다. 당신의 삶을 바꾸는 데 아이디어 하나만 있으면 된다.

아무리 힘든 시기에도 아이디어 하나로 위기를 극복할 수 있다. 위기에 처했을 때 대부분의 사람들은 돈이 부족하다거나 시간이 부족하다거나 또는 리더십이 부족하다는 변명을 늘어놓는다.

그러나 실제로 당신은 돈이 부족한 것이 아니다. 시간이 부족한 것도 아니고, 리더십이 부족한 것도 아니다. 이 점을 기억해야 한다. 당신에게 부족한 것은 딱 하나만 있으면 된다. 아이디어. 그거 하나면 충분하다.

아이디어 하나가 모든 것을 바꿀 수 있다. 아이디어 하나가 세상을 바꿀 수도 있다. 우리는 하나의 아이디어가 수십억 달러를 벌어들이는 것을 보았다. 또, 하나의 아이디어가 수백만 명의 생명을 구하는 것도 보았다. 그리고 하나의 아이디어는 당신이 현재 있는 곳에서 당신이 원하는 곳으로 데려다줄 수도 있다.

이왕 말이 나와서 말인데, 혹시라도 훌륭한 아이디어는 이미 모두 나와 버려서 더는 나올 게 없다고 생각하는 사람이 없길 바란다. 인류는 가방에 바퀴를 달아야 한다고 생각했던 사람보다 더 먼저 달에 사람을 보냈다는 사실을 절대 잊지 말아야 한다.

얼마나 많은 아이디어가 세상 어딘가에서 당신이 나타나주길 끈덕지게 기다리고 있을까?

자, 이제는 1의 힘뿐만 아니라 1의 '일부'가 가진 힘에 대해 생각해 보자. 금전적 보상이나 미래의 기회라는 측면에서 볼 때도 1등과 2등 사이에는 상당한 격차가 있을까? 물론이다. 그런데 그 격차는 어느 정도일까?

올림픽 종목의 다양성을 고려할 때 금메달리스트와 은메달리스트에게 제공되는 기회는 천차만별이라 거기서 발생하는 금전적 차이를 정확히 얼마라고 계산해 말하기는 어렵다. 하지만 분명한 것이 있다. 미국의 수영 선수 마이클 펠프스Michael Phelps는 은메달에 그치지 않고 많은 금메달을 땄기 때문에 개인적으로나 사업적으로 더 많은 인생의 기회를 얻었다.

금메달을 딴 지 수십 년이 지난 지금도 체조 선수 메리 루 레튼Mary Lou Retton, 권투 선수 슈가 레이 레너드Sugar Ray Leonard,

육상 선수 칼 루이스Carl Lewis, 피겨스케이팅 선수 페기 플레밍Peggy Fleming, 아이스하키 선수 마이크 에루지오네Mike Eruzione와 같은 선수들은 모두 우리의 기억에 길이 남으며 존경받고 있다. 또한 이들은 계속해서 충분한 보상을 받고 있다. 사실, 많은 금메달리스트들은 사람들 앞에 서서 자신의 운동 경험을 이야기하는 것만으로도 엄청난 금액의 보수를 받는다. 그렇다면 은메달리스트들은 어떨까? 그렇지 않은 경우가 허다하다.

"잘 알겠어요. 다 너무 뻔한 얘기잖아요. 그래서 요점이 뭐죠?" 당신은 이렇게 말할 수도 있을 것이다. 좋다. 요점은 매우 간단하다. 그런데 어떤 이유에서인지 우리는 엄청나게 유명한 큰 그림을 이해하려고 부단히 노력하면서도 종종 이 요점을 놓치곤 한다. 1등과 2등 사이의 간극을 설명한 내용의 요점은 금전적 차이를 분명히 보여주기 위한 것도 아니고, 명성이 지속적으로 이어지면 시간이 지나도 금전적 보상이 발생한다는 것을 보여주려 한 것은 더욱 아니다.

그러면 뭘까? 당신과 내가 뛰어난 성취자가 되려면 실제로 1등과 2등 사이의 격차를 만들어내고, 결과적으로 기회의 차이를 만들어내는 사소한 것들을 인식하는 법을 배워야 한다. 놀랍게도 대다수가 관련이 없다고 보고 대수롭지 않게 여기는 이런 사소한 것들이 때때로 중요한 일이나 경기가 있기 며

칠 전이나 혹은 심지어 몇 주 전에 발생하곤 한다.

이 점을 알아야 한다. 1등과 2등 사이의 실제 격차는 대부분 터무니없을 정도로 작기 때문에 그 차이는 정말 사소한 것에서 비롯된다. 사실, 여러 올림픽 경기에서 1등과 10등 간의 차이는 1초도 채 되지 않는다.

마이클 펠프스는 올림픽에 여러 번 출전하면서 100분의 1초 차이로 금메달을 차지한 적이 있다. 생각해 보라. 100분의 1초면 번개가 치는 데 걸리는 시간보다도 짧은 시간이다. 벌새가 날개를 한 번 퍼덕이는 데도 100분의 1초가 넘게 걸리고, 눈을 깜빡이는 데는 이보다 더 오래 걸린다.

보통의 성취자는 결코 고려하지 않는 진실이 하나 있다. 삶의 모든 영역에서 우위는 필요한 그 순간이 아니라 그보다 훨씬 이전에 이미 얻어진다는 것이다. 예를 들어, 경기를 뛰거나 뭔가를 수행하는 순간이 아니라 그보다 훨씬 전에 경험이나 노력, 준비를 통해 이미 얻어진다. 펠프스의 경우도 그를 우승으로 이끈 그 100분의 1초라는 간발의 차이는 거의 감지할 수도 없는 미세한 방식으로 얻어진 것이다. 그날 아침 그는 커피 한 모금을 더 마셨을 수도 있고, 아니면 그 전 주에 연습을 하면서 수영장 레인을 한 번 더 왕복했을 수도 있다. 또는 여기저기서 5분 더 휴식을 취했을 수도 있다.

그것도 아니면 그가 한 어떤 생각이 그런 차이를 만들어냈을까?

모든 활동과 움직임은 뇌에서 시작된다. 펠프스가 경기 중에 부정적인 생각을 했다면, 그 순간적인 의심이 그의 기록에 100분의 2초를 더했을지도 모른다. 아니면 출발대에서 조용히 혼자서 되뇐 긍정적인 생각이 금메달과 은메달을 가르는 100분의 1초라는 차이를 만들었을 수도.

펠프스가 올림픽 경기에서 우승했을 때, 당시 그의 후원사였던 스피도Speedo는 그에게 100만 달러짜리 수표를 선물했다. 펠프스는 그 돈을 곧바로 자선단체에 기부했다. 당신은 펠프스가 언제 무엇을 했던지간에, 그것이 만들어낸 차이가 엄청나게 가치 있었다는 것을 확실히 알 수 있을 것이다.

그리고 놀라울 정도로 아주 작은 차이였다는 것도.

2
장

사
소
한

것
들

# 몇 개의 못

세부 사항을 챙겨라. 지금 시간을 내어 제대로 하지 않는데,
나중이라고 제대로 할 기회가 생길까?

수백 년 전에 일어난 하나의 사건에 대해 서로 다른 버전이 존재하는 이유는 무엇일까? 역사 기록을 살펴보면 같은 이야기에 대한 대립되는 버전이 자주 등장한다. 역사는 그런 것이다. 대부분의 사람들은 '역사'와 '과거' 사이에 큰 차이가 있다는 것을 잘 모른다. 간단히 말해, '과거'는 실제로 일어난 일이고, '역사'는 누군가가 기록한 것일 뿐이다.

　한마디로, 인터넷과 역사책에서 동일한 사건에 대한 다양한 버전을 찾을 수 있는 이유는 이 둘 사이의 차이가 있기 때문이다. 또한 어떤 사건을 다시 이야기하거나 다시 쓸 때, 그 이야기의 세세한 부분이 종종 무시되거나 최종 버전에서 편집되는 이유도 그 때문이다. 유감스럽게도 이러한 세세한 부분들의 누락으로 인해 학생들과 사회 전체가 실제 일어난 일로부터 배울 수 있는 것이 극단적으로 바뀌기도 한다. 대표적인 사례가 워털루Waterloo 전투에서 나폴레옹이 승리한 이야기다.

"잠시만요. 워털루 전투에서 나폴레옹이 패배한 걸로 아는데요." 당신은 아마 이렇게 말하겠지? 물론 당신 말이 맞다. 그날 나폴레옹이 처참하게 패한 것은 사실이지만, 그것은 그가 승리를 거둔 이후였다. 무슨 말이냐 하면 이야기는 이렇다.

1815년 2월, 나폴레옹은 유럽 동맹국들에 의해 유배당했던 엘바 섬에서 탈출했다. 이는 오늘날 우리가 '백일천하'라고 부르는 나폴레옹의 황제 복귀의 서막을 알리는 것이었다. 이 시기에 유럽 국가들은 안심할 수가 없었다. 그들은 나폴레옹을 두려워했다. 그도 그럴 것이 나폴레옹은 파리에 입성하자마자 가장 먼저 유럽 대륙을 휩쓸기 위해 군대를 조직했다.

그의 전임 장군들은 대부분 죽었거나 그를 배신했다. 드제 장군은 이탈리아 마렝고Marengo 전투에서, 장 란 장군은 아스페른Aspern 전투에서 입은 부상이 악화되어 전사했다. 쥐노 장군은 스스로 목숨을 끊었다. 하지만 나폴레옹은 그 어느 것도 신경 쓰지 않았다. 그는 자신이 독립적으로 지휘할 수 있다고 믿었다. 그는 군사 천재였기 때문이었다. 어쨌든 모든 사람이 그에게 그렇게 말했으니까.

놀랍게도 몇 달간의 전투를 치르면서 나폴레옹의 자기평가는 꽤 정확한 것 같았다. 그러나 6월 18일 나폴레옹 황제의 상황이 극적으로 변하기 시작했다.

그날 아침, 해가 뜨자마자 나폴레옹은 임시 사령부인 로솜 농장에서 휘하의 장군들과 함께 아침 식사를 하고 있었다. 그때 한 장군이 생장 산등성이에 포진해 있던 웰링턴 군대의 진지가 좋은 위치에 자리를 잡았다며 걱정스럽게 외쳤다.

하지만 황제는 비웃었다. "웰링턴이 어디에서 싸우든 상관없어. 우리가 패배할 가능성은 전혀 없으니까!" 그의 자신감은 분명 근거 있어 보였다. 나폴레옹은 7만 2천 명의 병력과 246문의 대포를 보유한 반면, 웰링턴은 6만 7천 명의 병력과 156문의 대포를 보유하고 있었기 때문이었다.

그날 아침 출정할 때, 나폴레옹은 짙은 보라색 실크 조끼에 회색 외투를 입고 작은 회색 말을 타고 있었다. 그의 흰색 바지는 무릎 위까지 올라오는 부츠를 덮고 있었다. 황제는 군대를 전투에 내보내기 직전에, 다음 지휘관인 미셸 네 원수에게 돌아서며 말했다. "내 명령이 잘 수행된다면, 우리는 오늘 밤 브뤼셀에서 잠을 자게 될 것이다."

하루 종일 나폴레옹은 웰링턴의 군대에 맞서 보병을 연이어 보냈다. 오후가 되자 네와 그의 대규모 기병대는 전투를 끝낼 준비를 마쳤다. 이 기병대는 5천 명 규모로 나폴레옹의 가장 강력하고 경험이 풍부하며 전투력이 뛰어난 전사들이었다. 유럽 최고의 말들이 출격에 앞서 긴장된 기대감으로 발을 구르는 동안 5천 개의 칼이 햇빛에 반사되어 반짝거렸다. 황제가 마지막으로 전황을 살피는 동안, 창끝에 달린 5천 개의 작은 깃발들이 바람에 펄럭였다.

그는 일제히 돌격하면, 적을 대포에서 떼어낸 후 전멸시킬 수 있을 거라고 생각했다. 그래. 효과적인 타격이 될 것이다. 기병대의 공격이 잘만 이뤄진다면 엄청나게 파괴적이리라. 나폴레옹은 웰링턴의 병사들을 대포에서 멀찌감치 떼어놓기만 하면 되었다. 이 때문에 그는 사단을 나누지 않고 하나의 넓은 전선에서 공격하려고 했다.

오후 4시 3분. 프랑스군이 진격했다. 포병대의 지원을 받은 프랑스 기병대는 공격진 정중앙에 섰다. 기병들은 영국군의 대포를 향해 빠른 걸음으로 전진했다. 즉각 영국군은 수천 발의 둥근 납탄을 발사하며 포문을 열었다.

네가 칼을 앞으로 겨누며 기병대에게 '돌격!'이라는 신호를 보내자 5천 마리의 말이 망설임 없이 전속력으로 질주했고,

세찬 말발굽 소리에 땅이 흔들렸다. 병사들은 적진을 향해 돌진하며 외쳤다. "황제 폐하, 만세!"

반대편에선 웰링턴 군대의 대대장, 코넬리우스 프레이저 대령이 최악의 악몽이 현실로 다가오는 것을 바라보고 있었다. 먼지와 강철로 뒤덮인 거대한 물결이 그의 진지를 향해 밀려오고 있었다. '저들이 곧 우리를 덮치겠구나!' 프레이저는 생각했다. 나폴레옹의 병사들이 나란히 두 줄로 줄지어 그의 포병대 코앞으로 달려오고 있는데, 그의 포수들이 몇 발이나 대포를 쏠 수 있을지.

웰링턴 군대의 대포가 발사되자 프랑스 기병들의 사지가 찢기고 말들이 내동댕이쳐졌다. 기병들은 쓰러졌지만 돌격은 멈추지 않았다. 나팔 소리가 나자, 5천 명의 병사들이 말들 앞에 나타나 일제히 창끝을 낮추어 전투태세를 갖추고 뾰족한 창으로 무장한 돌격대를 형성했다.

적의 대포가 또 한 번 폭발하며 기병들의 사지를 찢었다. 적군이 언덕에서 맹포격을 가했지만 프랑스 기병대의 돌격을 막을 수는 없었다.

웰링턴의 포수들이 가까스로 포탄을 한 발 더 발사했지만, 나폴레옹의 기병과 말들은 이미 그들의 진지로 매섭게 달려들고 있었다. 5분도 채 지나지 않아 네는 앞에 나와서 영국군

포병들이 포구의 포강을 청소하는 스폰지 막대와 대포를 내팽 개치고 도망치는 모습을 지켜보았다. 병사들은 프랑스 보병이 적의 모든 대포를 노획할 때까지 계속 밀어붙이며 싸웠다.

결국 그들은 해냈다. 네와 그의 기병대는 영국군을 그들의 대포에서 떼어냈다. 프랑스 보병은 대포를 탈취했고, 나폴레 옹은 워털루에서 웰링턴을 격파했다.

정말 위대한 이야기 아닌가? 이 이야기는 전적으로 사실이 다. 하지만 그날 무시되었던 아주 작은 것들이 엄청난 운명의 역전으로 이어졌다는 사실은 거의 언급되지 않는다. 그야말 로 '사소한 것'이었지만 나폴레옹의 승리를 참혹한 패배로 바 꾸어 놓았다. 이 전투 패배로 나폴레옹의 통치는 막을 내렸고 명성도 무너졌다. 뿐만 아니라 '워털루'라는 단어는 '최후의 징벌'이라는 역사적인 말로 쓰이게 되었다.

당시 프랑스군과 영국군 포병은 모두 전장식(前裝式) 대포 를 사용했다. 청동으로 만들어진 이 대포의 무게는 1톤이 넘 었으며, 단단한 청동에 구멍을 뚫어 만든 좁은 점화구에 심지 로 불을 붙이거나 부싯돌 불꽃으로 불을 붙여 포탄을 발사한 다. 전통적으로 군대가 적군의 대포를 노획하면 머리 없는 못 들을 그 구멍에 박아서 대포를 무용지물로 만들곤 했다.

그날, 전투가 시작되기 전 몇몇 보병 병사들이 못이 든 통을 찾으러 다녔다. 하지만 헛수고였다. "못이요, 못! 못이 있어야 합니다!" 그들이 외쳤다. 하지만 아무도 그들에게 눈길을 주지 않았다.

이미 알다시피 나폴레옹은 웰링턴을 물리쳤고, 영국군을 제압하고 대포도 노획했다. 하지만 몇 시간 동안 밀고 밀리는 격렬한 전투가 계속되다가 마침내 웰링턴의 한 대대가 그들의 대포를 되찾았다. 곧이어 또 다른 대대들도 자신들의 대포를 속속 탈환하며 갑자기 전세가 뒤집혔다. 당연히 망가져 있었어야 할 대포들이 멀쩡하자 영국군은 포구를 돌려 프랑스군을 향해 대포를 발사했다. 나폴레옹의 승리는 결국 패배로 바뀌었다.

목격자들에 따르면, 나폴레옹은 언덕 위에서 뒷짐을 진 채 말 옆에 서서 그 전투를 지켜보았다. 그가 할 수 있는 거라고는 웰링턴의 군대를 이미 물리쳤던 자신의 병사들이 산산조각 나는 것을 지켜보는 것뿐이었다.

못이 문제였다, 못! 그저 못 몇 개. 못만 박았어도 영국군의 대포는 무용지물이었을 것이다. 그것은 인간과 무기가 충돌하는 거대한 전쟁에서 가장 사소한 요소였다. 하지만 그 사소한 요소 하나를 간과하지 않았다면 워털루 전투는 역사책에 프랑스의 승리로, 그리고 웰링턴의 패배로 기록되었을 것이다.

오늘날 우리가 나폴레옹의 실수로부터 얻을 수 있는 교훈은 단순함과 중대함이 결합되어 있다는 점에서 굉장히 놀랍다. 7만 2천 명의 프랑스 군대가 얼마나 잘 무장했고 또 보급 상태가 좋았는지 알기에, 사소한 것 하나를 간과했다고 해서 그렇게까지 엄청난 결과를 초래할 거라고는 생각조차 하기 어렵다. 하지만 사실이다. 나폴레옹의 병사들은 세계 최고였다. 그날 전장에서 그들은 총과 말을 가지고 있었다. 칼과 창, 그리고 대포도 가지고 있었다. 그들에겐 못 하나가 없었을 뿐이었다.

영국과 프랑스. 나폴레옹과 웰링턴. 국가 간의 충돌이었던 워털루 전투는 영원히 기억될 것이다. 그리고 그 모든 것이 겨우 한 줌의 못에 의해 결정되었다는 것도.

3
장

사
소
한

것
들

화를
내는 것

기분에 상관없는 당신은
언제나 어떻게 행동할지 선택할 수 있다.

얼마 전, 유타주 솔트레이크카운티에 있는 캐니언스 학구는 고등학교를 새로 지었다. 교육위원회는 장차 드레이퍼 마을에 있는 코너캐니언 고등학교에 다니게 될 미래의 학생들에게 투표권을 주고, 우편투표를 통해 새 학교의 마스코트를 선택해달라고 했다. 학생들은 열광적으로 '쿠거(퓨마를 일컫는 말인데, 어린 남자와 데이트를 즐기는 여성을 일컬어 쿠거족이라고도 한다.—옮긴이 주)'를 선택했는데, 압도적인 표 차이였다. "우리는 쿠거다! 쿠거! 코너캐니언 쿠거!" 그들은 한결같이 이 구호를 외쳤다.

대부분의 사람들에게 이 마스코트의 선택은 그리 놀랄만한 일이 아니었다. 쿠거는 유타주에서 꽤 오랫동안 마스코트로 사랑받아 왔다. 유타주 프로보에 위치한 브리검영대학교 Brigham Young University 역시 1924년에 쿠거를 마스코트로 채택했고, 그 이후로 쿠거는 이 학교의 학생들에게 자부심의 원천이 되어 왔다. 이 학교는 학문적, 철학적으로 전 세계에 영향력을 미치고 있으며, 체육에 있어서도 다섯 개의 종목에서 무려 열 번이나 전국 대회를 석권했다. 여기에는 1984년 전국 미식축구 선수권 대회 우승도 포함된다.

쿠거를 마스코트로 선택하는 데에는 그럴만한 이유가 또 있다. 실제 유타주 협곡(캐니언)에는 쿠거가 살고 있기 때문이다. 연방정부 토지관리국은 사람이 살지 않는 42평방킬로미터에 달하는 오지를 보호지역으로 지정했다. 이곳의 공식 명칭은 '쿠거 캐니언 야생지역 Cougar Canyon Wilderness'이다.

이 모든 사실을 종합해 보면, 쿠거를 새 학교의 마스코트로 정해야 한다는 주장은 설득력이 있었다. 하지만 이런 것들이 캐니언 교육위원회에게는 중요하지 않았고, 교육감은 크게 불쾌감을 느낀 사람들한테서 몇 통의 전화를 받았다. 그러자 쿠거를 마스코트로 선정하지 않겠다고 발표했다.

이유가 뭘까?

"그 단어는 나이 든 여성에게 불쾌감을 줄 수 있는 경멸적인 의미를 함축하고 있기 때문입니다." 그가 이처럼 설명했다.

요즘은 개가 꼬리를 흔드는 게 아니라 꼬리가 개의 몸통을 흔드는 왝더독Wag the dog, 즉 주객이 전도되는 경우가 점점 더 많아지고 있다. 매우 불쾌하다고 주장하는 한 사람에게는 미디어가 빠르게 관심을 갖지만, 너무 평범하거나 흥미롭게 생각하지 않는 다른 많은 사람들에게는 그와 같은 관심을 주지 않는다. 그러니까 미디어 플랫폼은 일상적이거나 상식적인 관점보다 더 선정적이거나 감정적인 이야기를 우선시하는 경향이 있다.

시간을 들여 상식과 가치가 입증된 리더들의 합의조차도 쉽게 결정을 내리기 어려워지고 있다. 불쾌하다거나 언젠가 불쾌감을 느낄지도 모른다고 주장하는 사람들의 위협과 요구가 있기 때문이다.

우리는 목청을 크게 높여 요구하는 사람들의 이야기를 더 귀담아듣는다. 그들은 이렇게 소리친다. "내가 믿는 것은 당신이나 다른 사람들이 믿는 것만큼이나 타당하다고! 난 소외되지 않을 거야!"

이러한 사람들 중 상당수는 단순히 도로를 막는다거나 회의를 방해하거나 혹은 다른 누군가의 사업장 출입구에 텐트를 친다는 이유로 TV에 초대되어 자신의 신념을 공유하곤 한다. 이러한 행동에 종종 정부 차원의 프로그램과 예산 지원이 이루어지기도 한다. 물론 그들의 요구도 이해하지만 이러한 사람들로 인해 지장을 받는 사람들이 얼마나 일관되게 관용을 베풀고 있는지 주목해야 한다.

그러나 무엇보다도 가장 우려스러운 것은 적어도 책임감 있는 부모들에게 우리의 아이들과 10대들의 마음속에 위험한 아이러니가 싹 트기 시작했다는 점이다. 그들은 TV에서 어른들이 그러한 방식으로 돈과 명성을 얻는 것을 보면서, 만약 자신들이 그렇게 행동했다면 자신들은 처벌받았을 거라 생각할 테니.

안타깝게도 현명한 목소리가 소외되고 있다. 우리가 침묵함으로써 시시각각 변하는 감정에 따라 사는 어리석은 사람들이 자신의 삶뿐만 아니라 우리의 삶까지도 지배하면서 현명한 목소리가 들리지 않게 만든다.

이 모든 것의 근간에는 '진리'가 어떤 순간에 누군가가 느끼는 대로 바뀔 수 있는 가변적인 개념이라는 그릇된 믿음이 자리 잡고 있다. 진리가 고정적이지 않고 사람마다 다를 수 있다는 생각은 상대주의의 한 경향이다. 하지만 우리 문화가 이렇게 상대주의로 서서히 변화하고 절대적인 관용을 요구하면서 우리 가운데 많은 편협하고 옹졸한 사람들이 생겨났다. 아이러니하게도 모든 관점이나 행위를 다 받아들이라는 이 접근법이 실제로는 많은 사람들이 다른 사람들의 견해나 행동에 대해 관용적이지 못하게 만들어냈다. 알다시피, 편협하고 옹졸한 사람들은 쉽게 기분이 상하고, 기분이 상한 사람들은 종종 매우, 아주 매우 화를 낸다.

이는 여러 측면에서 사회적인 문제다. 첫째, 기분이 상하고 불쾌감을 느끼는 사람들은 종종 자신의 공격성을 먹고 자라며 시간이 지남에 따라 점점 더 화를 낸다. 그리고 우리 모두 알다시피 화를 잘 내는 사람들은 대개 사회에 긍정적으로 기여하는 데 능숙하지 못하다.

화가 난 사람은 훌륭한 직원이 될 수 없다. 화가 난 사람은 훌륭한 고용주도 되지 못한다. 화를 잘 내는 부모는 화를 잘 내는 아이들로 만든다. 화를 잘 내는 교사는 학생에게 영감을 주거나 격려를 하지 않는다. 화가 난 의사는 실수를 한다. 화가 난 법 집행자는 과잉 진압을 한다. 화가 난 팀원은 팀 전체가 감당해야 할 불이익을 초래한다.

불편한 진실은 바로 우리 사회에 이런 화를 잘 내는 사람들이 일부 존재한다는 점이다. 그들의 숫자가 아무리 많아도 결국에는 자신들의 분노로 인해 붕괴하게 되는데, 이때 그들은 자신들의 분노와 관련이 있는 사람들뿐만 아니라 무고한 사람들까지 짓밟아버린다.

계속 이야기를 하기 전에 마지막으로 한 가지 더 말해 두자면, 나는 화를 내는 것만큼 부정적인 힘을 발휘하는 사소한 일은 없다고 생각한다. 아마도 다른 많은 사람들에게 영향을 미치기 때문일 것이다. 화를 내는 것은 다른 모든 것과 마찬가지로 '나비 효과'를 일으킨다. 화가 난 사람들이 미치는 영향은 마치 작은 나비가 747 비행기만큼이나 큰 영향을 미치는 것처럼 엄청나게 크다!

쉽게 화를 내는 사소한 행동으로 인해 피해를 입거나 상처를 줄 수 있다는 사실을 사랑하는 사람에게 이해시키기 위해서 화를 내는 것에 대해 세 가지로 나누어 분석해 보았다.

원한다면 가족에게 이 부분을 큰 소리로 읽어주어도 좋지만 당장은 내가 그렇게 해주고자 한다. 일단 한 번 열을 받으면 멈추기 힘들다. 하지만 가정과 직장에서 서로에 대한 이해와 헌신이 조금만 있다면 이 문제를 완전히 피할 수 있다. 그러니 할 수만 있다면 그렇게 해야 한다.

## 화내기-하나

인생이라는 큰 틀에서 볼 때 화를 내는 것보다 사소한 것도 없다.

우리는 화를 내기로 선택할 수 있다. 또는 화를 내지 않기로 선택할 수도 있다. 정말 간단하다. 물론 쉽다고는 할 수 없지만 간단한 건 사실이다. 화를 내느냐, 내지 않느냐는 늘 우리가 완전히 통제할 수 있는 선택이기 때문이다.

우리는 화를 내거나 원한을 품거나 시간을 허비하거나 에너지를 낭비하거나 기회를 날려버리거나 직업적으로 정체되거나 등을 선택할 수 있고, 그리고 그로 인해 평생의 관계를 망치는 선택을 할 수도 있다. 아니면 성장하거나 웃거나 어깨를 으쓱하거나 다 잊고, 앞으로 나아가거나 등도 선택할 수 있다.

게다가 우리는 다른 사람의 선택과 행동이 우리 자신의 선택과 행동을 좌지우지 못하도록 선택할 수 있다.

## 화내기-둘

어떤 사람이 "내가 믿는 것은 당신이나 다른 사람이 믿는 것만큼이나 타당하다"라고 말할 때, 그 말이 유치하고 사실이 아닐뿐더러 쉽게 반박할 수도 있는 선언이라는 것을 알아차려야 한다. 성숙한 사람들은 자신의 의견을 가질 권리는 있지만, 사실을 마음대로 만들어낼 권리는 없다는 것을 알고 있다.

이는 누구나 개인적인 견해나 신념을 가질 수 있지만, 실제 사실이나 진리는 누구에게나 동일하며 누군가의 의견에 따라 변경될 수 없다는 것을 이해한다는 의미다.

당신이 원하는 것은 무엇이든 자유롭게 믿을 수 있는 것은 사실이지만, 당신이 믿는다고 해서 나머지 사람들이 어리석음을 인정하거나 존중하거나 혹은 자금을 지원할 것으로 기대하거나 강요해서는 안 된다. 나무에도 감정이 있다고 믿을 수 있다. 당신이 선택한다면, 나무가 함께 춤을 추거나 서로 대화한다고 믿을 수 있다. 그리고 그 모든 것을 진심으로 믿을 수도 있다. 하지만 사실상, 그것은 당신을 진심으로 틀린 사람으로 만들 뿐이다.

그렇긴 하지만, 나무가 서로 대화한다고 믿고 싶다면 그렇게 믿어도 좋다. 우리 대부분은 상관하지 않는다. 하지만 만약 당신이 자신의 믿음 때문에 내 집 마당에 있는 나무를 베면 안 된다고 주장한다면 우리에겐 문제가 생긴다.

게다가 당신이 나무가 서로 대화를 한다고 전 세계 인구의 10%를 설득해내고, 또 지금 당신네 집단이 그렇게 믿고 있다고 생각해 보라. 나머지 우리들은 우리 재산을 마음대로 사용할 수 없거나 또는 모든 사람이 목재 가구에 대해 추가 세금을 내야 하거나 또는 목재 회사는 당신네 허가 없이 벌목을 할 수 없게 될 수도 있을 것이다. 이런 생각이 한 나라를 어디로 이끌어갈지 잘 알 거라 생각한다.

이것이 왜 그렇게 큰 문제인지 이해하지 못할 가능성을 조금이라도 줄이기 위해 다시 한 번 아주 명확하게 설명해 보겠다. 할 수 있다면 망치를 들고 당신 집까지 찾아가 이 설명을 단단히 못 박아 두고 싶다.

대다수의 미국인은 자신의 길을 가기 위해 다른 사람을 위협하거나 도로를 막거나 회의를 방해할 생각조차 하지 않는다. 대다수는 합리적인 사람들이다. 합리적인 사람들의 특징은 대부분의 다른 사람들 역시 합리적이라고 생각하는 경향이 있다. 심지어 나무 이야기꾼들조차도.

결과적으로, 대다수의 미국인은 합리적이고 다른 모든 사람들의 반응과 행동도 합리적일 것이라고 가정하기 때문에 매우 관대하다. 그들은 인내심을 가지고 나무 이야기꾼과 자신들처럼 잘못 인도되거나 속은 사람들에게 합리적인 행동과 신중한 반응에 대한 자신의 기대치를 투영한다. 따라서 합리적인 다수는 친절하게 행동하고 무의식적으로 광기를 용인함으로써 매우 위험한 허구를 문화적으로 수용하게 된다. 자신도 모르게 나무 이야기꾼처럼 극단적인 사람들의 감정적 견해나 신념이 대다수의 합리적인 신념만큼이나 사회와 국가의 미래를 위해 가치가 있다는 위험한 생각을 받아들이기 시작하는 것이다.

두 신념의 가치가 같지 않기 때문에 이런 실수는 끔찍한 결과를 초래할 수 있다. 이 경우에, 평소나 다른 상황에서는 합리적인 사람들이 지나치게 관대한 나머지 현실적으로 말이 되지 않음에도 불구하고 그들 모두 아무것도 하지 않기로 결정한다. 아무것도. 비극적이게도 이것이 평소에는 합리적이고 생산적인 대다수의 사람들이 실수로 리더십을 포기하는 방식이다. 그들이 어리석다고 믿는 소수의 바보들에게 자신들의 리더십을 무심코 넘겨주고, 결국 그 바보들이 모두를 수렁으로 몰아넣는 결과를 낳게 된다.

이 시나리오에 대해 부연 설명을 하자면, 평소에 합리적이고 생산적인 대다수는 이제 모든 피해에 대해 궁극적으로 책임이 있다는 사실을 간과해서는 안 된다. 왜냐고? 대다수가 실제로 극도로 참을성 없는 사람들이 자신들을 괴롭히고 조정해 이미 잘못되었다는 것을 잘 알고 있던 결정과 행동들을 용인하도록 허용했기 때문이다.

## 화내기-셋

기분이 상하면 어떤 느낌이 든다. 그것은 감정적 혼란이 얽힌 순간적 느낌일 뿐이다. 삶을 통틀어 그 어떤 것도 덜 중요한 것은 없다. 당신은 태어날 때부터 감정보다 더 강한 의지로 창조되었음을 항상 기억해야 한다. 기분이 어떠하든 어떻게 행동할지는 스스로 선택할 수 있다.

우리는 사람들의 감정에 점점 더 집착하는 세상에 살고 있다. 기업은 직원 열일곱 명의 감정 때문에 5만 명의 직원에게 영향을 미치는 정책으로 변경한다. 어느 정도는 자신이 원하는 대로 숭배할 수 있는 자유에 대한 신념으로 건국된 이 나라에서, 다른 사람이 원하는 대로 숭배하는 것을 보고 기분이 상하거나 불쾌감을 느낄 수 있는 사람들의 감정을 보호하기 위해 원하는 대로 숭배할 자유가 축소되고 있다. 농담을 했다가 해고될 수 있을 정도로 언어가 엄격하게 통제되고 있는 사회에서 자신이 무엇을 잘못했는지 정확히 알지 못한 채 체포될 가능성도 점점 더 커지고 있다. 또는 애초에 자신이 잘못한 것이 없다고 생각할 수도 있다.

감정에 주의를 집중하는 문제를 전체적으로 볼 때, 최악의 부분이 무엇인지 아는가? 아무도 나서서 큰 소리로 말하고 싶어 하지 않는 커다랗고 불편한 비밀을 알고 싶은가?

그것은 거짓말이라는 것이다.

그렇다. 우리 사회가 '감정'을 인생의 가장 중요한 요소로 강조하는 것은 위험한 거짓말이다. 감정에 지나치게 집중하는 것은 오해의 소지가 있고 해롭다. 이 잘못된 믿음은 이미 미래 기회, 가능성 또는 잠재적 성공 등 한 세대의 장래를 크게 훼손했으며 나라의 근간을 무너뜨릴 수 있다.

우리의 감정은 법과 규정에 의해 보호받는다. 하지만 가족이나 가장 친한 친구를 제외하고는, 사실은 아무도 우리의 감정에 신경 쓰지 않는다. 신경 쓴다고 맹세를 하거나 심지어 스스로 신경 쓴다고 확신하는 사람이 있을지 모른다. 하지만 그렇지 않다. 결론적으로 사실은 사람들은 우리가 어떻게 행동하는지에만 관심이 있다.

세상은 항상 이런 식으로 돌아갔고 앞으로도 계속 이렇게 돌아갈 것이다. 하지만 낙담하지 마라. 지금까지 그렇게 믿어왔다면 이제껏 경험하지 못했던 방식으로 진실을 이해하게 될 것이다. 이를 이해하지 못하는 사람에게는 결코 불가능할 방식으로 당신은 곧 당신이 선택한 삶을 스스로 창조할 수 있는 힘을 얻게 될 것이다.

복잡하지 않다. 간단한 사실이다. 인간관계 시스템이나 국가 경제를 생각해 보자. 어느 쪽도 사람의 감정에 따라 긍정적이거나 부정적으로 기능하지 않는다. 이와 반대되는 경우 역시 사실이다. 경제와 관계 모두 우리가 어떻게 행동하느냐, 즉 우리가 무엇을 하느냐에 따라 움직인다.

이것은 그리 놀라운 일이 아니다. 우리의 삶은 항상 이런 식으로 흘러왔으니까. 어렸을 때부터 인생에서 아주 좋은 중요한 일은 단 한 번도 자신의 감정 때문에 일어난 적이 없다. 우리가 그간 누려온 모든 번성은 우리가 선택한 행동 방식에 따라 지급된 배당금이다.

생각해 보라. 당신을 좋아해준 모든 여학생이나 남학생, 당신을 믿어준 모든 선생님, "축하한다. 이제 팀의 일원이 되었구나"라고 말했던 코치들, 이 중 당신의 감정과 관련이 있는 것은 아무것도 없다.

10대 시절, 친구들이 기분이 좋아질 거라 생각해서 경기를 시작한 적이 있는가? 부모님이 당신이 훈육을 받을 때 기분 나빠할 거라 생각해 집안의 규칙을 풀어준 적이 있는가? 학창 시절, 선생님이 당신이 C가 많은 성적표를 받으면 슬퍼할 테니 A를 준 적이 있는가?

아무튼 그러다 어른이 되었다. 달라진 점이 있는가? 별반 다르지 않을 것이다. 지금껏 장래에 고용주가 될 면접관이 면접을 하다 말고 이렇게 물은 적이 있는가? "내가 당신을 채용하면 기분이 어떨 것 같나요?" 당연히 없다. 합격 여부, 기회, 재정 상태는 모두 업무성과나 수행능력 등 경력에 따라 상승 또는 하락하는 하나의 체계다. 무엇을 하느냐, 어떻게 행동하는가에 따라 달라진다.

★ ★ ★

결론은 기분이 상할지 불쾌감을 느낄지의 여부는 전적으로 당신이 결정할 수 있다는 것이다. 기분이 상하기로 선택할 수 있다. 또는 뭔가 조치를 취하기로 선택할 수 있다. 기분이 상하거나 불쾌하거나 화를 낼 수도 있고, 아니면 마음을 밝게 하고 기분을 좋게 할 수도 있다. 자신의 감정을 살펴볼 수도 있고, 자신이 사람들을 어떻게 대했는지, 어떤 사람이 되었는지, 그 과정에서 이룬 것이 무엇인지 그 결과들을 살펴볼 수도 있다.

화를 내는 것은 처음에는 아주 사소한 일이다. 하지만 그 화를 붙잡고 키우면 실제 원자폭탄과 매우 흡사해진다. 당장 그리고 시간이 지남에 따라 발생하는 피해 규모는 처음에 생각했던 것보다 훨씬 더 커진다.

사
소
한

것
들

# '왜'라는 한 글자의 질문

방법과 이유 사이에 존재하는 거리는
하늘과 땅 사이만큼이나 광활하다.

그것은 어렸을 때 우리가 처음으로 배운 질문 중 하나였다. 부모가 된 후에는? 우리가 아이들에게 제발 그만 좀 물어보라고 애원한 첫 번째 질문 중 하나였고.

어렸을 때 우리는 부모에게 무엇이든 질문할 수 있다는 사실에 푹 빠져 황홀했다. 부모가 되자 아이들이 온갖 세상 모든 것을 질문하는 바람에 정신 줄을 놓을 뻔했다.

그 질문은 바로 '왜Why?'다. 확실히 사소한 단어다. 한 글자로 이루어진 이 질문은 수년 동안 너무 자주 회피되어 왔기에 그 힘의 실체를 이미 몇 세대 전에 잃어버렸다. 오늘날 왜를

보다 깊이 이해함으로써 아직 개발되지 않은 잠재력을 이끌어낼 수 있다는 것을 아는 사람은 드물다.

몇 년 전 방영된 TV 프로그램 중 산골에 사는 한 가족이 석유를 발견하고 캘리포니아로 이주한 내용이 있었다. 〈배벌리 힐빌리즈〉라는 프로그램이었는데, 클램펫 가족은 우연히 거실에 당구대가 있는 대저택에 살게 되었다. 그들은 당구대를 보거나 들어본 적이 없었기 때문에 당구대를 소재로 재미있게 대화를 했다. 클램펫 가족이 당구대에서 저녁을 먹으며 큐대를 이용해 서로에게 음식을 건네는 장면을 보다가 웃음이 터져 나왔던 기억이 난다. 그들은 큐대를 "접시 옮기개"라고 불렀다.

나는 이 프로그램을 정기적으로 시청하지 않았기 때문에 제드와 그의 일가가 나중에라도 당구대의 진짜 용도를 알게 되었는지 모르겠다. 물론 그들이 당구대를 사용한 용도는 그들에게 효과적이었고, 그들이 알고 있는 것 이상을 배우지 못했다면 그 용도에 만족했을 것이다. 하지만 우리는 그들이 당구대를 최대한 활용하는 방법만 이해했다면 훨씬 더 많은 것을 얻을 수 있었을 거라는 것을 알고 있다.

'왜'라는 사소한 단어에 대해서도 마찬가지다.

이 한 글자로 이루어진 질문의 비밀에는 두 가지 측면이 있다. 이 두 가지 요점을 잘 이해하면 재정적으로 도움이 될 뿐만 아니라 당신이 돕고 싶은 사람에게 매우 가치 있는 기회를 제공함으로써 비즈니스와 개인적 삶에 활기를 불어넣을 수 있다.

## 첫 번째 측면

'왜'라는 이유의 비밀을 파헤치는 첫 번째 관점은 '언제WHEN'다.

몇 년 전 나는 사람들이 어떤 일을 하다가 악전고투하며 서로 질문하고 다양한 선택 사항을 시도하는 것을 보았다. 그것은 합의에 이르기 직전까지 계속되었다. 그들은 그동안 배운 모든 것을 자랑스럽게 사용했지만 하나의 의견에 다다르자 심각한 논쟁을 끝냈다. 깊이 있는 질문, 선택 행위, 다양한 시나리오는 이제 더 이상 성공한 기업의 일부분이 되지 못한다. 탐색은 끝났다. 이제 개인이나 조직이 어려운 과제나 불확실성의 시기를 노력과 탐색을 통해 해결을 하고 성공과 안정을 얻게 된 것이다.

이 모든 것이 어느 정도 논리적으로 이해가 되긴 했지만, 나는 그 시점 이후로 열정과 흥분이 확연히 줄어드는 것이 마음에 걸렸다. 아무도 방법론이나 철학에 획기적인 변화를 주어

다시 흥분을 불러일으키고 1년 안에 회사 성장률을 두 배로 끌어올릴 수 있을 거라고 기대하거나 희망하지 않았다.

그 해답을 찾았을 때 너무나도 분명해서 나는 깜짝 놀랐다. 그것은 시기<sub>when</sub>의 문제였다. 내 말의 뜻은 이렇다.

**질문** : 우리는 언제 '왜'냐고 묻는가?

**대답** : 해답을 모를 때 우리는 '왜'라고 묻는다.

예시

> 왜 효과가 없는가?
>
> 왜 이 지역에서 경쟁이 잘되지 않는가?
>
> 왜 이번 분기 성장이 예상에 미치지 못했는가?

**질문** : 우리는 언제 '왜'라는 질문을 멈춰야 할까?

**대답** : 질문에 대한 해답이 나오면 더 이상 '왜'라고 묻지 않는다.

예시

> 모든 것이 통제되고 있다.
>
> 해당 지역에서 다른 제품을 부각시키는 방식으로 전환한 결과 문제를 해결한 것 같다.

> 7월에는 평소처럼 고객 감사 이벤트를 진행하지 않았다.

자, 더 들을 준비가 되었는가? 진짜 중요한 질문이 남았다.

**질문** : 우리는 어느 시점에 거의 '왜'라고 묻지 않는가?

**대답** : 모든 것이 순조롭게 진행되고 있을 때는 거의 '왜'라고 묻지 않는다!

즉, 일이 잘 풀릴 때 우리는 기차가 고장나기 전까지 그냥 내버려 두는 경향이 있다. 그러다가 기차가 고장 나면, 그때 원인을 묻고 해결책을 찾아서 문제를 해결한 다음 아무 일이 없다는 듯이 다시 탄다.

이것이 왜 문제일까? 이는 우리 대부분이 잠재적으로 우리를 기하급수적으로 성장시킬 수 있는 뭔가를 배울 수 있는 최고의 기회를 놓치고 있다는 뜻이기 때문이다.

그렇다면 그 기회를 어떻게 활용할 수 있을까? 모든 것이 완벽하게 돌아가고 있을 때, '왜?'하고 질문하는 것이다! 한 가지 예를 들어 보면 이렇다.

**보고서** : 북동부 지역에서 큰 성과를 거두고 있다. 3분기 연속 두 자릿수 증가율을 기록했다.

**질문**: 왜 지금 이런 증가율이 나타나고 있는가? 왜 오직 북동부만? 차트를 보았는가? 왜 고객들이 점심시간에 구매하는 걸까? 그리고 왜 그들은 여러 개를 구매하는가?

이처럼 문제가 생겼을 때 왜 그런지 이유만 묻는다면, 우리가 얻는 대답은 우리를 '해수면'으로 되돌려 놓을 뿐이다. 문제가 생기고 나서야 의문을 제기하거나 설명을 구하는 데 그친다면, 우리가 얻은 대답이나 해결책은 그 문제는 해결할 수 있지만 그 이상을 넘어서 개선하거나 탁월해지는 데는 도움이 되지 않는다. 그저 기본 또는 정상 상태로 되돌아가는 데 그칠 뿐이다. 하지만 무언가가 정말 잘 돌아가고 있을 때는 어떻게 작동하는 것인지 아는 것만으로는 충분하지 않다. 우리는 왜 그렇게 작동하는지 더 깊이 이해하고 싶어진다. 당신이 '왜?'라는 질문에 대한 답을 얻는다면 불이 붙은 성냥에 휘발유를 붓는 것처럼 성장하게 될 것이다.

## 두 번째 측면

'왜?'의 비밀에 대한 두 번째 측면은 첫 번째 측면에 대한 추론이다. 즉, 같지만 조금 다를 뿐이다!

이 세상에는 자신들의 문제를 어떻게 해결할지 아무것도 모르는 사람들이 있다. 우리는 그런 사람들을 봐 왔다. 그들은 혼란스러우며, 그들 앞에 무엇이 제공되든지 간에 그들은 항상 그것을 망칠 수 있다. 또한 그들은 규칙적으로 충분한 수면을 취하는 유일한 사람들이기도 하다. 그들이 보이는가? 저기 알파벳 맨 마지막 글자가 있다. 자고 있다! 이제부터 그들을 소문자 z로 표시하겠다.

> **z** ———————————————————

우리와 친숙한 또 다른 부류의 사람들이 있다. 우리는 그들을 좋아한다. 바로 D다. 꾸준하고 신뢰할 수 있는 사람들로 항상 정확하다. 제시간에 도착하고 제시간에 일을 마친다. 어떤 일이 닥치더라도 D는 그 일을 할 수 있다. z보다 한 단계 올릴 것이다. 왜냐하면 경제적으로나 다른 모든 면에서 그들이 먹이사슬의 상위에 있기 때문이다. D는 가족들을 위해 생계를 잘 꾸려 나가며, 주변으로부터 존경을 받는다. 그러니 D에게 박수를 보내자!

```
  D ——————————

z ——————————
```

다음 그래프를 확인해 보자. 오른쪽으로 이동하고 있다. T가 보이는가? T는 D보다 한 단계 위에 있다. 그들은 소득 수준이 높고 공동체에서 조금 더 영향력이 있다. '그것'이 무엇이든 T들은 그것을 할 수 있고 또 그것을 가르칠 수 있다!

```
    T ——————————

  D ——————————

z ——————————
```

또 잘 봐라! 이제 L이 온다! L은 훨씬 더 많은 돈을 벌고 있다. 또한 공동체에서 더 큰 영향력을 행사한다. 왜 그럴까? 뻔하지 않은가? 맞다. L은 그것을 할 수 있다. 그들은 가르칠 수 있고, 이끌 수 있다. L은 책임감을 바탕으로 성장하며 함께 일하는 D와 T를 자랑스럽게 생각한다. 단, L과 T 사이에는 T와 D 사이보다 거리가 조금 더 있다는 점을 유의하라. 이는 아마도 L이 맡는 책임감 때문일 것이다.

이제 그래프에서 L로부터 오른쪽 위로 이동하라. 하지만 표준적인 H를 찾으려면 더 높은 곳을 봐야 한다. 경제적으로나 영향력 측면에서 보면, L에서 H로 껑충 뛰어올라야 한다. 전형적인 H는 우리가 "부자"라고 말하는 사람이다. 그렇다. 그들은 돈이 많고 그럴만한 자격이 있다. 열심히 일하고 많은 사람들을 위해 일자리를 창출했기 때문이다.

H는 당신이 만나게 될 가장 멋진 사람들 중 하나다. 그들은 엄청난 영향력을 가지고 있으며 그 영향력(그리고 돈)을 다른 사람들을 돕고 공동체를 위해 더 나은 세상을 만드는 데 사용한다. H는 그 일을 할 수 있다고 믿어도 좋다. 왜냐하면 실제로 그들 대부분이 사업을 시작한 방식이기 때문이다. H는 경험이 있기 때문에 그 경험을 가르칠 수 있으며 여전히 종종 가르치고 있다. 물론, 그들은 이끌 수도 있다. 하지만 중요한 것은 그래프에서 H의 위치를 보면 알 수 있듯이, H는 모든 것이 어떻게 작동하고 돌아가는지 잘 알고 있다!

H는 특정 원칙들을 바탕으로 자신들의 비즈니스를 구축했기 때문에, 그 원칙들이 어떻게 작동하는지 잘 알고 있다. 따라서 그들은 다양한 위치에서 그 비즈니스를 반복적으로 구축할 수 있다. 자동차 대리점 10곳, 레스토랑 15곳, 편의점 20곳 등 H는 다양한 장소에서 성공적으로 사업을 운영하고 있다. 그들은 또 다른 L을 발견할 때마다 많은 D와 상당수의 T와 함께 처음부터 그것을 다시 시작한다. 이때 L이 전체적으로 주도한다. 맞다. H는 모든 것이 어떻게 작동하고 돌아가는지 잘 알고 있다.

대다수가 전혀 모르는 부류가 하나 더 있다. 바로 W이다. 이들은 책 장 밖에 있기 때문에 여기에서는 볼 수가 없다. 정면에서 그래프를 똑바로 들고 위로 쭉 쳐다보면, 천장에 W가 있을지도 모르겠다. 하지만 대부분 W는 지붕 위에 있다.

웃기게 들릴 수도 있겠지만, 농담이 아니다. 이 사람들은 그래프에서 너무 멀리 떨어져 있어서 대부분의 친구들은 그들이 무엇을 하는지 제대로 파악하지 못한다. 나는 그들이 하는 일이 보통 몇 가지며, 그들의 기업들이 서로 아무런 관련이 없는 것처럼 보인다는 것을 발견했다.

이 글을 쓰면서 계속 생각나는 한 사람이 있는데, 나는 그의 이야기를 잘 알고 있다. 대부분의 W가 그렇듯, 이 사람도 실무 경험이 있었다. 그는 밑바닥부터 시작해 여기까지 왔다. 처음에는 직접 해보고 그런 다음 그 경험을 가르쳤다. 이 수준에 도달하자 그는 이끌기 시작했다. 얼마 지나지 않아 그는 경험이 풍부한 L이 되었고, 경험이 적은 다른 L을 가르치기 시작했다.

이 시기에 훗날 성공하게 될 W는 엄청나게 배움에 헌신했다. 그는 계속 열심히 일하면서도 틈나는 대로 원칙을 연구하고 자신이 이해한 것의 한계를 뛰어넘는 데 시간을 보냈다. 가족과 친구들에게 그는 집착하는 것처럼 보이기도 했다.

어떤 면에서 그는 당시 자신이 집착이 심했었다고 종종 인정하곤 했다. 하지만 돈이나 자동차, 심지어 자신의 사업에도 집착하지 않았다. 그는 삶의 원칙과 그것을 적용하는 방법을 이해하는 데 열정을 바쳤다. 그는 친구들, D와 T에 대해 자주 생각했다. 그리고 그는 여러 명의 L들을 멘토링하기 시작했다.

돌이켜보면 그는 자신이 언제 L에서 H로 넘어갔는지 정확히 알 수 없었다. 결코 뒤돌아본 적이 없었기 때문이었다. 물론 그는 자신의 성공을 축하했다. 그리고 사무실에서 대다수가 그의 일이라고 말했던 일들을 하는 시간을 줄일 수 있었다. 하지만 집에 있을 때조차도 그는 이미 잘 알고 있다고 생각했던 원칙들을 모든 각도와 측면에서 계속 연구했다.

그 무렵 그는 확실한 H였다. 아내와 십 대 자녀들은 원칙을 더 깊이 이해하기 위해 열심히 그와 함께했다. 웃음과 질문, 선의의 의견 충돌로 가득 찬 그들의 활기찬 대화는 종종 몇 시간 동안 지속되곤 했다.

어느 날 그는 다른 사업 아이디어가 떠올랐다. 돈이 더 필요하지도 않았고 할 일도 충분했지만, 2년 이내에 천 개 이상의 일자리를 창출할 수 있는 잠재력을 보았다. 가족들이 축복하며 그 사업에 참여했다. 사업이 시작되자마자 성공을 거두며 성장하기 시작했다. 그는 아내를 제외하고는 누구에게도 그 이유를 말하지 않았지만, 이 회사는 밑바닥부터 시작할 필요가 없다는 것을 알고 있었다. 그는 마침내 모든 것을 바꿀 비밀을 풀기 시작했다.

앞서 말했듯이, 그는 L에서 H로 넘어갈 때는 자신이 어떤 사람인지 알아채지 못했지만 몇 년이 지나고 난 후에는 자신이 다른 차원의 삶을 살고 있다는 것을 알게 되었다.

그의 이야기를 들려주기 위해 나는 그를 W라고 부르고 있지만, 그가 어떤 사람이 되었는지 명명된 적은 없다. 그의 친구들 대부분은 그의 재산이 어느 정도인지 전혀 모른다.

그에게는 서른 개가 넘는 회사가 있고, 대부분 매우 성공적이며 아이템이 중복되는 회사는 하나도 없다. 미국 남부에는 가구 공장이 있고, 태평양의 한 섬에서는 코코넛 농장을 운영하고 있다. 그는 인도의 망해가는 소프트웨어 회사를 인수해 1년도 안 되어 흑자로 전환시키기도 했다. 그는 남미에 아동복을 제조하는 공장을 소유하고 있으며, 미국 중서부에서는 염소 농장을 운영하고 있다.

염소 고기가 단백질 함량이 높고 미국에서 생산되는 육류 중 가장 빨리 '시장에 출시되는' 육류라는 사실을 알고 있는가? 그는 그 사실을 알고 있다. 그는 자신의 사업 하나 하나에 대해 훨씬 더 많은 것을 알고 있다. 하지만 그중 몇 개의 사업이 연간 1억 달러 이상의 매출을 올리는지는 확신 있게 말하지 못한다. 그가 그 질문을 한 번 받은 적이 있다고 한다. 여덟 개. 아홉 개인가? 아니면 일곱 개일지도. "죄송합니다. 그에 대해 생각해 본 적이 없어서요." 그가 말했다.

당연히 언론매체에서는 그를 인터뷰하고 싶어 한다. 수년 동안 각종 토크쇼에서 인터뷰 요청을 했지만 그는 어떤 곳에도 응하지 않았다. 모두가 그의 사업 비밀을 알고 싶어 하지만, 그는 인터뷰는 하지 않는다. 하지만 이상하게도 그는 누구든지 직접 물어보는 사람에게는 기꺼이 대답해준다.

"별다른 비밀은 없습니다. 어떻게 보면 모두 상식적인 것들이지요. 물론 원칙이 가장 가치 있는 상식입니다. 게다가 비용도 저렴하지요." 그가 정중하게 미소 지으며 말한다. 그러고는 웃으며 말을 잇는다. "나는 어떤 것에도 비용을 지불한 적이 없습니다. 당신도 마찬가지일 겁니다."

어느 날 나는 그가 자신의 비밀을 밝히는 것을 들었다. 그 비밀에는 W가 되기 위해 무엇을 이해해야 하는지에 대해 누구나 알아야 할 모든 것이 담겨 있었다.

누군가가 그에게 질문을 던졌는데, 간단했던 그 질문이 그의 마음을 열었다. 그제야 나는 그가 말하고 싶어 안달이 났다는 것을 깨달았다. 그는 점잖고 겸손한 사람이기에 직접 질문하는 사람에게만 대답을 했던 것이다.

"원칙에 대한 이야기를 듣고 싶습니다. 저는 당신이 모든 원칙들이 어떻게 작동되는지 이해하고 있다는 것을 알고 있어요. 하지만 그보다 더 많은 것이 있잖아요. 그렇지 않나요?" 그 여성이 물었다.

그가 싱긋 웃으며 대답했다. "물론이죠. 그리고 나는 그 '더'가 무엇을 의미하는지 정확히 얘기해도 상관없습니다."

그가 그 말을 했을 때 우리는 근처에서 숨을 죽이고 있었다. 아무도 그가 하는 말을 놓치고 싶지 않았기 때문이다.

"잠깐이면 됩니다." 그는 말을 시작한 후 목을 가다듬었다. 자신의 대답이 간단명료한 것에 부끄러운 듯 어깨를 으쓱하고는 말했다. "좋은 질문이네요. 이런 질문을 해주셔서 기쁩니다. 사실 제가 한 일은 나만의 구체적이고 특정한 질문을 던진 것뿐입니다. 저는 그 질문을 제가 아는 모든 것에 적용합니다. 그 질문은 바로 '왜?'입니다. 그게 다죠. 하지만 수년 동안 내가 찾은 그 질문에 대한 답은 제 삶과 비즈니스에 변화를 가져다주었습니다. 이렇게 말해 볼까요? 많은 사람들이 확실한 결과를 얻기 위해서 원칙을 활용하는 방법을 알고 있습니다. 저는 어떨까요? 저는 원칙이 왜 그렇게 작동하는지를 배웠습니다."

그는 우리를 쳐다보며 다시 어깨를 으쓱했다. "그게 전부랍니다. 원칙을 적용하는 방법을 알 수 있다는 것은 대단히 좋은 일이죠. 하지만 어떤 원리가 왜 그렇게 작동하는지를 알면 서로 관련이 없어 보이는 대조적인 삶의 영역에 이 원리를 적용할 수 있습니다. 그러면 사업, 공동체, 가족은 이전과는 다르게 성장하고 번영할 것입니다." 그가 말했다.

사
소
한

것
들

# 16분의
# 1인치

'거의'는 위험한 개념이 될 수 있다. 그것은 배제, 경제적 손실,
심지어 죽음까지도 허용한다.
속지 마라!
'거의 안전하다'는 말은 안전하지 않다는 의미다.
'거의 똑바로'라는 말은 똑바르지 않다는 의미다.

어느 쪽이든, 나는 우리가 곧 죽겠구나 싶었다. 우리가 자초한 비극으로 끝날 거라고. 아니면 케빈의 아버지가 우리가 얼마나 어리석은 짓을 했는지를 들으면 우리를 살려두려 하지 않을 것이다.

어리석다는 말을 몇 번이나 들었을까? 그에 대해 생각하고 싶지 않았다. 먼바다로 나오는 게 아니었다. 우리를 안전하게 지켜줄 다른 보트도 없이 말이다. 하지만 우리는 이미 멀리 와 있었다. 모두 한 보트에 타고서. 그것도 작은 보트 하나에. 충분한 연료통도 없는 작은 보트 하나에. 다행인 것은 적어도 작은 보트에는 면허증을 가진 선장이 필요하지 않았다는 점이다. 그래서 우리는 확실히 많은 돈을 절약했다.

내 나이 스무 살 때였다. 내 오른손은 조종석 뒤쪽에 용접된 버팀용 스테인리스 막대를 꽉 쥐고 있었다. 왼팔은 균형을 잡기 위해 쭉 뻗고는 가끔 황소를 타는 것처럼 거칠게 흔들었다. 케빈 퍼킨스는 5피트 떨어진 곳에서 나랑 똑같이 하며 오른팔을 흔들고 있었다.

곧 어두워질 것이다. 짐의 등 뒤에서 나는 케빈에게 걱정스러운 눈빛을 보냈다. 그와 나는 우리 둘이 기억하기 전부터 절친한 친구였고, 종종 말이 의사소통에 불필요한 장애물이 될 정도로 친밀했다.

짐은 우리가 최근에 만난 남자였다. 그는 우리 나이 또래였고 괜찮은 사람 같았다. 실은 짐이 주립 교도소의 사형수였다가 막 석방된 사람이었다 하더라도 나나 케빈 모두 특별히 신경 쓰지 않았을 것이다. 또는 그가 외국 스파이나 테러리스트였다 하더라도 우리는 그를 영원한 우정이나 형제애로 맞이해 모든 권리와 특권을 부여했을 것이다. 왜냐하면 짐의 아버지가 이 보트 주인이기 때문이다.

이날 이때까지 이 세상에서 케빈 퍼킨스와 앤디 앤드루스보다 낚시에 더 굶주린 청년을 본 적이 거의 없다. 우리는 정말 제대로 낚시에 집착했다고 해도 과언이 아니었다. 낚시할 기회가 생기면 우리가 견디지 못할 고난은 없었고, 두려운 불이익이나 처벌도 없었으며, 우리를 단념시킬 만큼 위험천만한 것도 없었다. 더군다나 이번에는 우리 해안선에서 불과 100마일 떨어진 곳에서 참치가 풍년이라는 소식을 들었다. 그래서 그곳으로 향했다.

오렌지 비치를 출발한 후 바람이 최소 12노트로 거세졌다. 바다의 파도는 일관되게 3~4피트를 유지하고 있었지만, 케빈은 나중에 3피트보다 작은 파도를 본 적이 없다고 말했다. 긴장감을 더한 사실은 4시간 동안 물살을 헤치며 달려온 후에도, 우리 중 누구도 우리가 낚시하기로 한 지역을 알려주는 석유 시추 시설을 발견하지 못했다는 것이었다. 나는 회색 바다를 살피며 짐의 머리가 불안하게 앞뒤로 움직이는 것을 보았다. 그도 찾지 못한 것이었다.

"지금쯤이면 시추선을 봤어야 하지 않나?" 케빈이 쌍둥이 엔진의 소음 때문에 소리를 질렀다. 나는 시계를 보고 고개를 끄덕였다. 짐은 스로틀(엔진에 연료의 공급을 조절하는 조정 장치 – 옮긴이주)을 조금 뒤로 당기고 고개를 돌려 바라보았다. 그는 아무 말도 하지 않았다. 그럴 필요도 없었다. 나는 그의 눈에서 두려움을 보았고 우리가 곤경에 처했다는 것을 알았다.

대략 열 번쯤 우리의 새 친구는 몸을 숙여 전자 장치를 읽었다. 물론 그가 확인하고 있는 것은 자동 조종 장치였다. 우리는 보트가 페르디도 패스에서 바위를 떠날 때 경로를 입력해 놓았었다. 우리는 전에 그 시추 시설을 찾아가 본 적이 있었기 때문에 그것을 찾는 데 어려움을 겪을 것이라고는 한순간도 생각하지 못했다. 정말이지 못 찾는다는 건 말도 안 되었다.

이 거대한 플랫폼은 규모가 너무 커서 한 곳 이상의 석유 회사가 자금을 지원했다. 합작 투자로 세워진 이 석유 시추 시설은 완공되기 전까지 수억 배럴의 원유를 생산할 예정이었다. 수천 피트 수심에 위치한 이 시추 시설은 수백 피트 상공에 우뚝 솟아 있었다. 사방에 철도 차량 크기의 무적(안개·눈·비 등으로 시계(視界)가 나쁠 때, 선박에서는 다른 선박과의 충돌을 피하기 위해 등대나 등대선에서는 그 위치를 알리기 위해 경고하는 소리를 내는 장치-옮긴이주)이 부착되어 있었고, 그 경적은 청각에 손상을 일으킬 정도로 컸다. 마지막으로, 이 괴물은 수천 개의 투광 조명등이 장착되어 있었다. 마치 신의 마지막 모닥불처럼 불이 켜져 있었다.

못 찾을 수가 없다고 말을 했었나? 어쨌든 우리는 못 찾았다.

하늘과 물이 먹빛으로 어두워지면서 내 시름도 깊어졌다. 시추선은 어디에도 보이지 않았다. 혹시 그런 것에 대해 궁금했던 적이 있었다면, 나는 당신에게 장담할 수 있다. 자신이 깊은 곤경에 처했다는 것을 아는 젊은이들에게는 허세가 거의 남아있지 않다. 그리고 그 순간 우리는 꽤 조용히 있었다. 되돌아가는 것 말고는 달리 무엇을 해야 할지 몰라서 그냥 그렇게 했다.

우리는 두렵고 혼란스러웠다. 시추선이 침몰했다거나 철거되었다고 선언하고 싶었지만, 그럴 수도 없었다. 이번 주 초에 그곳에 낚시하러 간 친구들이 있었다. "10온스짜리 다이아몬드 지그 헤드로 서쪽을 노려봐. 그 황다랑어가 어찌나 많이 물던지 마치 배의 페인트를 먹어 치우는 것 같았다니까." 그들이 말했었다.

어찌어찌해서 우리는 위험한 코스를 벗어났다는 것을 깨달았다. 그것밖에는 달리 설명할 도리가 없었다.

케빈은 시계를 쳐다보았다. 나는 물어보지 않았다. 그가 뭘 하고 있는지 알았으니까. 그는 우리가 얼마나 오래 달렸는지, 어떤 속도로 달렸는지 계산하고 있었다. 보트는 목적지까지 갔다가 오렌지 비치로 돌아올 수 있는 충분한 연료를 가지고 있었다. 딱 그 정도였다. 우리는 견지 낚시를 하거나 다른 지점에서 낚시할 계획이 없었다. 우리는 엔진을 끄고 시추 장비나 부표 중 하나에 묶고, 살아있는 미끼를 떠내려 보내면서 상하로 움직이는 지그 낚시를 할 계획이었다.

그래서 그 시추선을 전혀 찾지 못한 것은 비상경보였다. 물론 첫 번째는 낚시를 할 수 없다는 것이었고(말했듯이 우리는 집착이 심했다), 그다음은 우리가 어쩌다 보니 그 지점을 지나쳐서 의도했던 곳에서 더 멀리 떨어져 있을 가능성도 있었다는 것이었다. 만약 그렇다면 우리는 집에 돌아갈 수 있을 만큼 연료가 충분하지 않을 것이다.

짐은 시추선이 안개에 싸여 있거나 구름에 가려져 있을지도 모른다고 생각했다. 하지만 어둠이 완전히 드리웠을 때 우리는 시추 설비와 가까이 있지 않다는 것을 알았다. 만약 우리가 어느 방향에서든 5마일 이내에 있었다면 시추선의 불빛을 볼 수 있었을 것이기 때문이다.

다른 선택의 여지가 없었기 때문에 우리는 돌아갈 수밖에 없었다. 바다를 가르며 천천히 물결을 헤치고 나아가기 시작했다. 연료를 최대한 아껴가며 육지로 향했다. 바람은 더욱 거세게 불었다. 매 순간 우리는 거친 바다가 마이애미나 이 보트가 만들어진 곳에서 평화롭게 잠자고 있었을지도 모르는 어떤 섬유 유리공의 작품을 가차 없이 시험하는 것 같았다.

그다음 한 시간 동안 우리는 실제로 밝은 조명이 켜진 석유 시추선을 몇 번 잠깐 볼 수 있었다. 100피트 떨어진 짙은 갈색

병 속에서 반딧불이처럼 몇 차례 보였다가 사라졌다.

시추선은 우리보다 동쪽으로 멀리 떨어져 있었다. 있어서는 안 되는 곳에 있었던 것이다. 하지만 우리의 무감각한 뇌는 어떻게 이렇게까지 시추선과 멀리 떨어진 위치에 있었던 것인지 의문을 품지 못했다. 우리는 이를 갈며 자주 하지 못했던 기도에 집중했고, 밤새 엔진이 연기를 내뿜으며 달리는 동안 마음을 졸였다.

마침내 연료가 떨어지고 쌍둥이 모터가 꺼지자, 짐은 밧줄을 잘라 다른 쪽 끝을 빈 양동이에 묶어 배 밖으로 던졌다. 즉시 뱃머리는 급조된 바다 닻에 반응해 빙글빙글 돌면서 비교적 작은 배를 파도 속으로 안전하게 향하게 했다.

우리는 서로 말은 하지 않았지만, 마치 우리 중 한 명이 다른 두 사람을 구할 열쇠를 쥐고 있는 것처럼 다들 바짝 붙어서는 두려움에 떨었다.

젖은 몸으로 추위에 떨며 녹초가 되었지만 한밤중에 입었던 흉측한 주황색의 구명조끼를 여전히 입고 있었다. 마치 세차장에서 전쟁을 치른 유령처럼 보였지만, 우리는 구명조끼를 추켜 입고 단단히 묶었다. 한편으로는 앞으로 며칠 동안 우리의 생명 없는 주검이 수습되면, 우리 시체에 부착된 화려한 부유물이 적어도 우리가 최소한의 상식을 가지고 죽었다는 증거가 되길 바랐다.

새벽이 되자, 육지가 보이기 시작했다는 사실에 정신이 다소 밝아졌다. 살았다. 이미 그랬을 거라는 걸 알고 있었겠지만. 지금 당신이 그 사건에 대한 내 이야기를 읽고 있으니 말이다. 그날 오후 늦게까지 우리가 구조되지 않았다는 사실 때문에 이야기가 조금 더 길어진다. 우리는 몇 시간이나 더 대낮의 지겨운 시간을 보낸 후에야 전날의 어두웠던 밤의 공포에서 벗어날 수 있었다. 아, 물론 배가 견인되면서 느낀 당혹감과 무안함도 있었지만, 이 이야기에서는 별로 중요한 가치가 없었다.

우리의 모험에 대한 중요한 정보는 재앙이나 다름없었던 그 사건이 발생한 지 몇 주가 지나고 나서야 발견되었다. 전자장치 조사 결과 보트의 자동항법장치가 2도 벗어나 있었다.

겨우 2도.

자동항법장치 내부 나침반에는 360도의 개별 방위각이 있다. 이 중 2도는 실제 나침반에서는 16분의 1인치도 안 되는 아주 미세한 차이에 불과하다.

대부분의 사람들은 자동항법장치를 사치품, 선장을 편하게 해주는 장치라고 주장하지만 그렇지 않다.

현명한 선장은 그 장치가 작동 중일 때도 집중력을 유지하며 전방의 위험에 대한 경계를 늦추지 않는다. 신기하게도 최초의 선박용 자동항법장치는 1951년에 연료 절약 장치로 설치되었다. A 지점에서 B 지점까지 직선으로 이동하는 것이 구불구불한 경로보다 연료가 적게 든다는 것은 명백한 사실이다. 하지만 해류, 바람, 파도가 출렁이는 바다에서 배를 조종하며 바다와 나침반 사이를 왔다 갔다 쳐다보면서 지그재그 코스가 아닌 다른 코스를 달릴 수 있는 사람은 없다.

그날 우리가 페르디도 패스에서 바위 부두를 통과했을 때, 자동항법장치는 특정 숫자의 각도가 표시된 남남서 방향의 항로가 설정되어 있었다. 그리고 설정된 대로 직진 코스로 우리를 안내했다. 하지만 오작동으로 인해 바다로 더 멀리 나갈수록 직선 항로에서 더 멀리 벗어났다. 무슨 일이 벌어지고 있는지 전혀 알 수가 없었다.

지난 수세기 동안 선원들이 어떻게 지구가 평평하다고 생각했고, 바다 끝으로 항해하다 추락할까 봐 두려워했는지 쉽게 상상할 수 있다. 초점을 맞출 가시적인 기준점 없이 먼 바다로 항해하는 사람들에게는 그것이 항상 푸른빛의 허공으로 향하는 것처럼 보였으리라. 그날 바로 케빈, 짐, 그리고 내게도 그랬다.

지구의 곡률 때문에 100마일 이상 떨어진 우리의 목적지는 멀리 지평선 너머에 있었다. 그래서 적어도 처음 6~7마일 동안 우리는 오렌지 비치가 여전히 저기에 있다고 스스로에게 확인시키듯 자주 뒤를 돌아보았다.

그 거리에서는 해안선이 쉽게 보인다. 심지어 10마일 밖에서도 고층 빌딩의 꼭대기가 시야에 들어온다. 하지만 우리는 자동항법장치에 결함이 생겨 이미 항로를 벗어난 상태였다. 단지 우린 그 사실을 몰랐을 뿐이다.

최소한 다음 90마일 동안은 아무것도 볼 수 없을 거라 예상했기 때문에 아무것도 보이지 않았을 때도 별걱정을 하지 않았다. 사실 우리가 향해 달리고 있다고 생각했던 시추선에서 점점 더 멀어지고 있다는 것을 알 방법이 없었다. 목적지가 시야에 들어왔어야 할 때쯤에 우리는 코스를 너무 멀리 벗어난 상태여서 지평선 너머에 있는 시추 시설을 볼 수 없었다.

오늘날 나는 새로운 도전이나 새로운 목표를 시작하면서 자신들의 진행 상황에 낙담하는 사람들을 만나면, 대부분의 사람들이 한번에 큰 그림을 그리려고 한다는 것을 느낀다. 그 큰 그림이 기대했던 만큼 빨리 나타나지 않으면, 그들은 처음에 그들에게 흥미와 설렘을 불러일으켰던 상상력마저 날려버린다.

모든 것이 얼마나 멋질지 상상하고 그렇게 만들기 위해 이용할 수 있는 새로운 방법을 생각해내는 대신에, 그들은 아무 일도 일어나지 않을 모든 이유를 상상한다. 그러니 낙담하게 되는 것이다. 아이러니하게도 이러한 낙담은 신체적으로도 영향을 미쳐 그들이 실제로 꿈꾸는 삶을 창조하는 데 있어 중요한 일을 하기가 어려워진다.

그렇다면 우리가 꿈꾸는 삶을 창조하는 '것'은 무엇일까? 바로 작은 것들이다. 어떤 일을 시작할 때 작게 전략적으로 움직이면 장래에 엄청난 성장을 이룰 수 있다.

인생의 나침반은 보트의 나침반과 동일한 원리에 따라 움직이며 동일한 이동 측정값을 산출한다. 작은 움직임이 큰 이득을 가져올 수 있다. 작은 변화가 큰 변화를 가져올 수 있는 것이다. 실제로 오랜 시간 동안 작은 움직임을 꾸준히 반복하다 보면 언젠가 고개를 들어볼 때 자신이 있던 곳에서 항상 꿈꿔 왔던 곳으로 정확히 와 있다는 것을 깨닫게 될 것이다.

6
장

사
소
한

것
들

# 그만두는 것

맞다, 당신이 하는 모든 것은 중요하다.
하지만 하지 않는 모든 것도 마찬가지로 중요하다.
당신이 하거나 하지 않는 사소한 일 하나하나에 따라
인생은 조금씩 다른 방향으로 흘러갈 수 있다.

지금은 미식축구를 정말 좋아하지만, 싫어했던 때가 있었다. 모든 축구를 싫어했던 건 아니었다. 나는 텔레비전과 라디오를 사랑했다. 누군가의 뒷마당에서 동네 아이들과 함께 노는 것도 너무 좋아했다. 하지만 초등학교 6학년 때 교내 미식축구 팀에서 뛰면서 생각만큼 재미가 없다는 걸 알고는 놀랐다.

아, 생각만 해도 신나는 일이었는데 세상에! 어깨 패드를 끈으로 묶고 그 위에 '허드 초등학교 램스' 팀의 유니폼(등번호 25번)을 입었을 때, 나는 흥분했다. 커다란 파란색과 흰색 헬멧이 내 머리에 매달려 수직선 위에 떠 있는 것처럼 보였고,

그 선이 사람의 목이라는 걸 알 수 있을 정도로 가까이에 있던 사람들은 모두 웃음을 터뜨렸다. 그 목이 바로 내 목이었다.

그렇다. 나는 내가 현재 인기 있는 버블헤드 인형(머리는 크고 팔다리는 짧은 인형 - 옮긴이주)의 원조라고 생각한다.

하지만 일주일 정도 연습하고 나니 그만두고 싶다는 생각이 들었다. 원래 두통에 시달리는 편이었는데, 앨라배마 남부의 높은 습도와 8월의 높은 기온이 겹쳐 두통이 더 심해졌다.

"아니야, 그냥 두통일 거야. 넌 포기하지 않을 거야." 아버지가 말했다.

2주간의 연습 끝에 나는 확실히 그만두고 싶었다. 한여름 뙤약볕에서 물도 없이(예전에는 그렇게 했다) 몇 백 바퀴를 비틀거리며 달리는데, 코치 역할을 맡은 고등학생이 베어 브라이언트Bear Bryant(전설적인 앨라배마대학 미식축구 코치 - 옮긴이주) 흉내를 내며 욕설을 퍼붓는 바람에 내 머릿속의 고통이 더 심해졌다. 꾀병이 아니었다. 정말 아팠고 그래서 울면서 어머니에게로 갔다. 아버지한테도 얘기를 했다. 아버지는 부드러운 말투로 두 가지 흥미로운 정보를 알려주었다. 첫째, 나는 여전히 미식축구를 그만둘 수 없다는 것. 둘째, 울면 두통이 더 심해진다는 것.

미식축구 시즌이 시작되어도 그만두고 싶었다. 여전히 덥고 습했다. 베어 브라이언트 주니어는 우리를 더 많이 뛰게 하고 물은 덜 마시게 했다. 게다가 우리 팀 최고의 선수인 밥 우달이 매일 연습할 때마다 내 머리를 박살 내는 통에 두통이 날로 심해졌다.

하지만 아버지는 바위 같았다. 그 어떤 것도 아버지의 마음을 움직이지 못했다. 눈물과 피, 구토해 가며 호소도 해보고 계산된 친절을 베풀거나 실신하는 척하거나 가출하겠다고 협박해 보기도 하고, 여러 정신 질환 증상이 있는 척도 해보았다. 하지만 아버지는 꿈쩍도 하지 않았다. 시즌 내내, 그리고 시즌 마지막 경기 일까지 나는 생각할 수 있는 모든 방법을 총동원해서 그만두게 해달라고 아버지를 설득했다. 하지만 그는 절대 허락하지 않았다.

내가 열여덟 살이 되었을 때, 그 시즌이 아버지에게 얼마나 힘든 시기였는지 어머니를 통해 알게 되었다. 그해 아버지가 나보다 더 많은 눈물을 흘렸다고. 물론 그 혼자 몰래 눈물을 흘렸다. 하지만 어머니의 말에 따르면 아버지는 내가 그만두는 것을 "힘들 때 선택할 수 있는 또 다른 선택 사항"으로 생각하지 않기를 바랐다고 한다.

어머니와 이야기를 나눈 지 얼마 지나지 않아 나는 아버지에게 그 시즌에 대해 물어보았다. 그때의 내 질문도 기억나고 아버지의 대답도 기억난다. 하지만 이 글을 쓸 당시에 아버지가 돌아가실 줄 알았더라면 나는 확실히 더 주의 깊게 아버지의 이야기를 경청했을 것이다.

그날 아버지는 "널 너무 사랑하다 보니 가슴이 아팠단다. 그때도 그랬고 지금도 그렇단다. 약속할 수 있지. 아들아, 네가 원했던 것보다 더 많이 그만두게 해주고 싶었단다"라고 말했다.

"그런데 왜 그만두는 걸 허락하지 않으셨어요?" 내가 물었다.

"널 너무 사랑했으니까." 아버지는 잠시 말을 멈췄다가 다시 이어갔다. "6학년 미식축구팀을 그만두는 건 별 게 아니란다. 사소한 것이지. 네가 평생 6학년만 다닐 거였다면 상관없었을 거야. 하지만 인생은 그런 식으로 돌아가지 않는단다. 난 네가 성장할 거란 걸 알았어. 그만두는 것이 당장은 별 것 아닌 사소한 일처럼 보일 수 있지만, 그게 널 한 방향으로 움직이게 하고, 또 그걸 정상을 향한 마음이나 태도를 갖게 만들 수도 있단다. 그래서 어떤 사람들에게는 그만두는 것이 정상이기도 하지. 계속 도전하고 밀어붙이는 것보다 그만두는 것이 항상 더 쉬운 법이란다." 아버지의 말에 나는 고개를 끄덕였다.

"그런데 불가능한 것에 부딪히면 어떻게 하죠? 제가 아무리 시도해 봐도 성공할 수 있는 방법이 정말 없다면요?" 내가 물었다.

"누가 불가능을 결정하지? 혹시라도 '방법이 없다'할 어떤 막다른 상황에 부딪히면 방법을 찾을 때까지 버티기만 하면 된단다. 알겠니? 방법이 없는 곳에서도… 방법을 찾아야 해." 아버지가 웃으며 말했다.

나는 인상을 찌푸렸고 아버지는 웃으며 손을 뻗어 내 어깨를 툭 쳤다. "이것만 기억하거라. 성공은 다양한 형태로 나타난단다. 그리고 나름의 시간표에 따라 이루어지지. 너는 여전히 그때 미식축구를 그만두지 않은 것이 시간 낭비였다거나 실패였다고 생각할 수도 있을 거야. 하지만 난 지금 네게 그건 성공이었다고 말해주고 싶구나. 가장 힘든 시기를 견뎌낼 수 있다는 것을 스스로 증명해냈잖니. 언젠가는 약속하건대, 넌 초등학교 6학년 가을에 갈고 닦은 근성 덕분에 성공하는 경험을 하게 될 거다. 그리고 포기하는 습관을 기르지 않은 덕에 그로 얻은 이점에 대해 진실을 아는 사람도 오직 너뿐일 거고." 아버지가 말했다.

그 사실을 아는가? 아버지가 옳았다는 것. 27년 후에 나는 《폰더 씨의 위대한 하루 The Traveler's Gift》라는 소설의 원고를 썼다. 하지만 아무도 이 원고를 출판하려 하지 않았다.

소설의 내용은 가족이 가장 힘든 시기를 겪고 있는 한 남자의 이야기다. 데이비드 폰더라는 이 남자는 시간을 거슬러 일곱 곳의 다른 장소로 여행을 하게 된다. 그곳에서 그는 당시 인생에서 최악의 시기를 겪고 있던 일곱 명의 위인을 차례로 만난다. 그리고 그 일곱 명의 위인이 각각 그에게 한 가지 원칙을 알려주는데, 그는 그 원칙들을 삶의 일부로 삼으면 자신의 미래가 온통 바뀔 것이라는 사실을 깨닫게 된다.

나는 이 책이 꽤 괜찮다고 생각했다. 이 책이 주는 메시지를 믿었고 상처받은 사람들에게 도움이 되고 긍정적인 방향을 제시할 수 있을 거라고 생각했다. 하지만 처음 연락한 열 개의 출판사는 출판을 거절했다. 그들은 내 소설을 출판하고 싶어 하지 않았다. 다른 출판사들도 마찬가지였다. 얼마 지나지 않아 출판사로터 거절당한 횟수가 스무 번까지 늘어났다.

일 년이 지나고 이 년이 지났다. 그때까지 서른 개의 출판사에 《폰더 씨의 위대한 하루》의 원고를 보냈다. 그들 중 일부는 꽤 무례했다.

내가 원고 보내는 일을 포기할까 생각했는지 궁금할 것이다.

물론이다.

쉽게 그럴 수 있었을까?

그렇다.

내가 그만두기로 결정했다면 대부분의 사람들이 내가 그렇게 한 것은 당연하다고 믿었을까?

그랬을 것이라 확신한다.

다행히도 내가 책에 포함시킨 일곱 가지 원칙 중 일곱 번째가 나를 괴롭히고 있었다. 가끔 방에 혼자 앉아 일곱 번째 원고의 해당 페이지를 넘기며 빤히 쳐다보곤 했다. 거기에는 '나는 예외 없이 계속할 것이다'라고 적혀 있었다.

삼 년이 지난 후 나는 출판사로부터 마흔세 통의 거절 편지를 받았다. 미국의 모든 대형 및 중견 출판사에서 온 편지였다. 솔직히 나는 원고 보내는 일을 그만두는 것이 아니라 새로 연락할 만한 출판사를 찾는 데 어려움을 겪고 있었다.

삼 년 반 만에 드디어 쉰 번째 거절을 기록했다. 그리고 쉰한 번째가 되었다. 그쯤 되니 친구들이 이제 포기하라고 조언했다.

"바보처럼 굴지 마." 나는 이런 말을 들었다. "이런 식으로 스스로를 부끄럽게 만들지 마." 또 한 사람은 나에게 "이봐, 현실을 직시하고 네 삶을 살아가야지. 모질게 들릴지 모르겠지만 앤디, 세상에서 가장 크고 지식이 풍부한 쉰한 곳의 출판사가 당신이 쓴 글은 책으로 만들 가치가 없다는 데 동의한 거라고." 아야야, 마음이 쓰렸다.

그후 드디어 쉰두 번째 출판사에서 긍정의 답을 보내왔다.

이후《폰더 씨의 위대한 하루》는 현재 전 세계 40개 이상의 언어로 번역되어 수백만 부가 판매된 세계적인 베스트셀러가 되었다. 출간된 지 30년이 지난 지금도 여전히 출간되어 사랑받고 있다. 슈퍼볼 우승자, 미군, 포춘 500대 기업, 전 세계 학교 교육과정에서 이 책을 사용하고 있다. 교회에서도 사용한다. 교도소, 노숙자 쉼터, 재활 시설, 할리우드 스타, 올림픽 선수, 미국의 여러 대통령도 이 책을 읽는다.

내 아버지는 많은 부분에서 옳았다. '포기하는 것'은 사소한 일이며 내가 익숙해지거나 편안해지길 바라는 과정도 아니라는 아버지의 이야기 말이다. 그리고 6학년 가을에 내가 갈고닦은 근성 덕분에 언젠가는 성공할 것이라고 말한 것도 옳았다. 그 특별한 성공은《폰더 씨의 위대한 하루》가 〈뉴욕타임스〉 베스트셀러가 되었다는 사실이다. 그것도 17주 동안. 누가 상상이나 했겠는가?

7
장

사소한 것들

# 다르게 생각하는 것

어머니의 한마디 :
다른 사람들이 모두 절벽에서 뛰어내리면,
너도 뛰어내릴 거니?
남들이 다 한다고 해서 그것이 꼭 옳은 것은 아니란다.

왜 우리는 특정한 일을 특정한 방식으로 하는 걸까? 무엇이 수백만 명의 우리로 하여금 특정한 일을 정확히 같은 방식으로 수행하게 만드는 걸까? 어떻게 전체 인구가 어떤 일을 수행하는 방식에 대해 동일한 결론에 도달할 수 있단 말인가?

전 세계 사람들에게 공통적으로 나타나는 하나의 결과? 그럴 가능성이 없어 보이겠지만 이런 일이 드물지 않게 일어난다. 왜 이런 일이 가능할까? 간단히 대답하자면 논리 때문이다. 개별적으로 행동하든, 단체의 일원으로 행동하든 당신과 나는 압도적으로 우리에게 가장 논리적으로 보이는 방식으로 의사결정을 하고 매일 의례적인 일들을 하며 삶을 살아간다.

그러니 우리가 스스로를 똑똑하다고 믿는 만큼 압도적인 논리에도 불구하고 때때로 사실에 대한 우리의 해석이 틀렸다는 사실을 깨닫는다는 것이 이상하지 않는가? 우리가 집단적으로 가장 생산적이라고 판단한 행동과 방법이 있는데, 그것들에 대해 전체적으로 틀렸다는 것이 이상하지 않는가? 우리가 믿는 가장 명백한 것들 중 일부는 전혀 사실이 아니다!

이런 현상은 애초에 왜 이런 일이 발생하는지 그 원인에 대해 가장 쉽게 설명할 수 있다. 간단히 말해서, 우리는 논리적으로 생각하지만 잘못된 결론에 도달한다. 추론 과정이나 논리적인 사고 단계를 거치면서도 잘못된 답이나 결정에 도달할 수 있다는 말이다.

이상하지만 매우 흔한 예로 바나나 껍질을 벗기는 방법을 들 수 있다. 우리에게 흔한 바나나는 전 세계 거의 모든 슈퍼마켓에서 쉽게 살 수 있다. 월마트 매장에서는 바나나가 가장 많이 팔리는 품목이다. 내가 알기로 그 대형마트 체인은 매년 10억 파운드 이상의 바나나를 판매한다. 대부분 완전히 익기 전에 판매되기 때문에 과일의 껍질은 보통 옅은 노란색에 녹색을 띠는 경우가 많다.

모두가 알다시피 바나나에는 줄기가 있는 굵은 쪽의 큰 끝과 날렵한 코처럼 생긴 작은 끝이 있다. 얼핏 봐도 다르게 생긴 두 끝을 구분할 수 있다. 거의 백 퍼센트의 사람들이 한 손으로 바나나의 가운데 부분을 잡고 다른 한 손으로 굵은 쪽 끝에서 껍질을 벗긴다.

사소한 것처럼 보이지만, 바나나를 굵은 쪽 끝에서 벗기는 이유는 무엇일까? 논리가 그러라고 하니까! 바나나 껍질을 벗기는 올바른 방법에 대해 지금껏 논쟁이 된 적은 없다. 어쨌든 바나나의 굵은 쪽 끝은 우리가 바나나를 집거나 아니면 매다는 쪽이다. 즉 손잡이란 말이다! 보통 1~2인치 길이의 줄기는 안정적이고 편안하며 크기가 적당해 손으로 잡고, 들어 올리고, 껍질을 벗기기에 안성맞춤이다. 누군가는 이렇게 말할지도 모르겠다. "바나나의 굵은 쪽 끝이 이런 목적으로 생겨났다는 건 누가 봐도 당연한 것 아닌가요?"

당연해 보일 수 있다. 하지만 이런 목적으로 생겨난 것이 아니다!

사고 과정이 논리적이지 않다는 말은 아니다. 논리적이다. 신기하게도 미리 가르쳐주지 않았는데도 어린아이도 처음 바나나를 받으면 줄기가 달린 굵은 쪽 끝에서 껍질을 벗겨낸다. 그러니까 사고는 논리적이다. 하지만 결론은 완전히 틀렸다.

생각해 보라. 코처럼 생긴 바나나의 작은 끝부분부터 껍질을 벗기다 잘 벗겨지지 않아서 그 부분을 으깬 적이 있는가? 또는 바나나 껍질을 벗기기 위해 '손잡이' 부분을 잡아당긴 후 칼이나 손톱으로 껍질을 잘라내야 했던 적은 없었는가?

분명한 것은 바나나의 굵은 쪽 끝은 어떤 목적에 맞게 그렇게 생긴 것이다. 하지만 그 목적은 바나나 껍질을 벗겨 안쪽에 들어있는 과육을 먹으려고 입을 갖다 대는 진입점이 아니라 바나나를 구조적으로 지지하고 지탱하기 위한 것이다.

바나나 나무의 열매가 나오고 자라기 시작하면 위쪽 방향으로 자라게 된다. 맞다. 바나나는 당신 집 주방에서나 매달아 놓는 것이지, 자연에서는 그렇지 않다. 바나나는 계속 자란다.

바나나는 위쪽 방향으로 자라면서 점점 더 커지고 무거워지는데, 이때 하나의 줄기가 바나나의 모든 무게를 지탱한다. 수개월 동안 비바람을 맞으며 움직임에 따른 스트레스와 계속 늘어나는 하중을 견디는 동안 그 줄기 자체도 성장한다. 그 줄기는 점점 더 커지고 섬유질이 많아지며 점점 더 강해져 마침내 바나나를 수확할 때면 가느다란 그 줄기가 바나나 전체에서 가장 질기고 단단한 부분이 된다.

본질적으로 바나나 줄기 쪽에서 껍질을 벗기는 것은 집으로 들어가는 유일한 문을 두고 반대쪽에 있는 벽돌담을 뚫고 들어가려고 하는 것과 다름없다.

다음 지역에 있는 동물원을 방문하게 된다면 유인원관으로 가서 세계에서 가장 열성적인 바나나 소비자인 유인원들을 잠시 관찰해 보라. 가까이 가서 자세히 보라. 원숭이, 침팬지, 오랑우탄 등 그들이 우리처럼 논리적인 진행 능력이 뛰어나지는 않지만 우리와 똑같이 바나나 껍질을 벗기는 선택 상황에 놓이면, 우리에게는 너무나 당연해 보이는 것을 무시하고 바나나의 가장 약한 지점인 날렵한 코처럼 생긴 작은 끝부분에서부터 껍질을 벗긴다는 사실에 놀랄 것이다.

★ ★ ★

바나나 이야기는 실질적으로 대화를 시작하기에 좋은 소재라는 것 말고도 어떤 가치가 있을까? 보통 사람들에게는 바나나를 더 빨리 먹는 데 도움이 된다는 것 말고는 별 의미가 없을 것이다. 하지만 안토니오라는 사람이 있다 치고 잠시 상상해 보자. 안토니오는 제3세계 국가에 살면서 바나나 껍질 벗기는 일을 생업으로 삼고 있다.

안토니오는 몇 년 동안 소규모 바나나 통조림 작업장에서 서른여 명의 '바나나 껍질 벗기는 사람' 중 한 명으로 일하고 있다. 이곳은 '바나나 하나당' 작업자에게 임금을 지급하는 데 가장 생산성이 높은 사람, 즉 다른 사람보다 바나나 껍질을 많이 벗긴 작업자 한 명에게 매주 보너스를 지급한다. 항상 그래 왔듯이 대부분의 작업자들은 모두 줄기 쪽의 굵은 쪽 끝부터 바나나 껍질을 벗긴다.

약 한 달 전, 안토니오는 아이디어가 하나 떠올랐고 오랫동안 이어져 온 이 업계의 표준 방식과는 완전히 반대되는 방식으로 일을 하기 시작했다. 일반적인 통념을 무시하고 반대쪽 끝에서 바나나 껍질을 벗기는 방식으로 안토니오는 수입을 세 배로 늘릴 수 있었다. 그리고 4주 연속으로 가장 생산적으로 바나나 껍질을 벗긴 사람으로 선정되어 보너스를 받았다.

여기서 중요한 부분이 있다. 안토니오는 바나나 껍질을 벗기는 대가로 돈을 받는다. 그러나 그가 기존에 받았던 수입 이상으로 벌어들일 수 있었던 것은 사실 안토니오의 마음과 정신이 기능해 가능했던 것이다. 그는 자신의 마음을 사용해 현 상황을 조사하고 큰 변화를 가져올 수 있는 작은 것을 인식했다. 그는 정신력을 발휘해 다른 것을 시도하며 '전문가'들의 비웃음을 견뎌냈다. 그 결과 화를 내는 데 시간과 에너지를 낭비하지 않아도 되는 '배짱'을 키웠다.

여기서 꼭 짚고 넘어가고 싶은 것이 있다. 대부분의 사람들이 뭔가 자신이 진실이라고 믿게 되면 그 이상으로 생각하지 않은 채 평생을 살아간다는 슬픈 사실이다. 새로운 사고방식을 기회로 보는 사람은 참으로 가치 있는 귀한 사람이다. 그 사람이 까다롭고 어려운 수술을 하든 일상적이고 평범한 작업을 하든 상관없다. 기존에 당연하게 받아들여지고 통용되던 케케묵은 사고 한 귀퉁이에 빛을 비추면 새로운 가능성을 발견할 수 있고, 종종 놀랍다 못해 눈부신 결과를 낳는 다양한 방법들을 찾아낼 수 있다.

논리적으로 생각하다가 잘못된 결론에 도달하면 혼란스럽거나 좌절감을 느낄 수 있다. 그렇게 한 결과가 때때로 우스꽝스러울 수 있다. 하지만 대부분의 경우 이런 현상이 대규모 집단에서 발생하면 사람들은 애당초(그때나 지금이나) 이런 현상이 일어났다는 사실조차 인식하지 못한다.

수백, 수천, 수백만 명의 사람들이 기본적으로 어떤 일을 어떻게 해야 하는지에 대해 동의한다면 '업계 표준'이 확립되어 있다고 확신할 수 있다. 이러한 표준은 작업을 시작해야 하는 시점과 완료까지 걸리는 시간을 결정한다. 얼마나 오래 두드리거나 공급하거나 부어야 하는지, 최대 생산을 위한 적절한 온도, 속도를 높이는 데 걸리는 시간, 그리고 기대할 수 있는 최상의 결과 등에 대해서 이미 답이 정해져 있다. 사실, 그 결과는 모범 사례 매뉴얼에 나와 있다.

'어떻게 해야 하는지'가 정해져 있기 때문에 안토니오나 당신 같은 사람이 사소한 것이 모든 것을 바꾸어 놓은 결과를 보여주기 전까지는 모든 사람들이 가장 생산적이지 않은 방식으로 '바나나 껍질 벗기기'를 계속한다!

8
장

사
소
한

것
들

# 조금 더 깊이 이해하는 것

말을 물가로 데리고 갈 수는 있지만
말을 억지로 생각하게 만들 수는 없다.

오랫동안 플라톤은 '거목'이었다. 그는 그리스인이었고 일생 동안 유명인이었다. 당시로서는 흔하지 않은 일이었다. 예수가 태어나기 400년 전에는 전사나 정부 관리가 아니면 사람들에게 주목받기 어려웠다. 그런데 플라톤은 단순히 주목받은 정도가 아니라 존경까지 받는 인물이었다.

플라톤은 생각하는 사람이었다. 〈생각하는 사람〉을 조각한 오귀스트 로댕August Rodin은 2,300년이 지나서야 그 예술 작품을 만들었는데 플라톤을 염두해 두지는 않았을 것이다. 하지만 플라톤은 가장 위대한 3대 철학자의 구심점이었다. 소크라

테스, 플라톤, 아리스토텔레스는 비판적 사고의 대가로 인정받는 인물들이다. 플라톤은 소크라테스의 제자였고, 아리스토텔레스는 플라톤의 제자였다.

이런 플라톤이 진리라고 선언한 것의 타당성에 이의를 제기하려면, 얼마나 배짱이 두둑해야 했을지 상상만 해도 아찔하다.

이의를 제기한 사람이 만약 평범한 시민이라면 그저 조롱의 대상으로 끝났을 것이다. 그러나 과학계나 철학계통에 있는 사람이라면 어땠을까? 플라톤의 의견에 동의하지 않는 것은 직업적으로 자살 행위였을 것이다.

자, 그럼 이제 우리의 영웅이 등장할 차례인가? 데모크리토스Democritus를 소개하겠다. 철학계에서 그는 분명 마이너리거에 불과했다. 하지만 데모크리토스는 마치 메이저리그 팀에 입단해 선발 조에 들어가려는 것과 같은 시도를 하려 했다. 그가 시도한 방법은 플라톤이 틀렸다고 말하는 것이었다.

플라톤은 불, 공기, 흙, 물이라는 네 가지 원소가 모든 물질의 가장 작은 구성 요소라고 믿었다. 아리스토텔레스를 포함한 다른 모든 사람들도 그렇게 믿었다. 플라톤이 그렇게 생각했고, 플라톤이 그렇게 가르쳤기 때문이다.

하지만 데모크리토스는 그것에 동의하지 않았다. 그는 물질의 기초에 대한 플라톤의 4원소를 더 작은 부분으로 나눌 수 있다고 말했다. 그는 가장 작은 것을 설명하기 위해 그리스어로 '더 이상 쪼갤 수 없는'이라는 뜻의 아토모스atomos라는 단어를 제시했다(이는 원자의 영어 단어 atom의 어원이다 – 옮긴이주). 데모크리토스에 따르면, 모든 물질은 결국 가장 작은 입자, 즉 아토모스로 분해될 수 있다. 그 가장 작은 단위에서 물질은 더 이상 쪼개질 수 없다는 것이다.

데모크리토스는 아토모스가 모든 물질의 기본 구성 요소라고 주장했다. 더 나아가 플라톤의 불, 공기, 흙, 물은 그 자체의 아토모스로 구성되어 있다고 말했다.

예상대로 데모크리토스의 주장이 플라톤에게 전해지자 불, 공기, 흙, 그리고 물이 사방에서 쏟아지는 이른바 수습 불가한 상황이 되었다. 플라톤은 격분해 실제 가능한 모든 공개 토론장에서 데모크리토스를 비난했고, 대중에게 그 건방진 작자의 책을 불태우라고 충고했다. 이런 상황은 데모크리토스에게는 메이저리그 팀에 합류하지 못하는 것보다도 더 나쁜 상황이었을 것이다.

모든 사람들은 플라톤이 제안한 대로 그 위대한 사상가를 불쾌하게 했던 자료를 파괴했다. 그로 인해 데모크리토스는 아토모스에 대한 개념을 다듬으며 연구를 계속했지만 그의 저술은 살아남지 못했다. 사실 다른 작가들이 인용문에서 그의 저술을 언급하지 않았다면 우리는 그가 존재했는지조차 알지 못했을 것이다.

불쌍한 플라톤. 당신과 내가 그때로 가서 그에게 진실을 말해줄 수 있었다면 좋았을 텐데. 데모크리토스에 대한 진실이 아니라 우리가 알고 있다고 생각하는 것의 경계를 계속 넓혀야 한다는 진실을 플라톤에게 알려줄 수 있었더라면, 플라톤의 모든 것을 바꿀 수 있었을 텐데. 하지만 플라톤은 자신이 내린 결정에 스스로 족쇄를 채웠다.

어리석은 자만이 자신이 생각한 모든 것을 믿는다는 말이 있다. 그가 이 말을 알았더라면 얼마나 더 많은 진실을 풀고 이해할 수 있었을까?

물론 이 교훈은 데모크리토스에게도 적용된다. 물론, 물질이 원자로 구성되어 있다는 그의 이해는 옳았다. 그러나 그가 아토모스, 즉 원자가 물질의 가장 작은 형태라고 생각한 것은 틀렸다. 과학자들이 그 이후로 원자가 다시 쪼개질 수 있다는 것을 증명해 왔기 때문이다. 데모크리토스가 자신의 발견에 '더 이상 쪼갤 수 없는'이란 뜻의 단어를 붙인 것은 정말 잘못된 판단이었다. 아이러니하지 않는가?

불쌍한 데모크리토스. 당신과 내가 그때 그에게 어리석은 자만이 자신이 생각한 모든 것을 믿는다는 것을 말해줄 수 있었다면 좋았을 텐데.

현재까지 밝혀진 사실은 원자는 최소 109개의 크기 또는 무게로 존재한다. 이 책에 나오는 모든 단어가 단 24개(영어는 26개-옮긴이주)의 글자로만 이루어진 것처럼, 우주만물은 원자로 이루어져 있다.

원자는 모든 물질의 기본 구성 요소다. 그리고 백아홉 개 모두 크기나 무게가 아주 작다. 실제로 이 문장 끝에 있는 마침표, 이 작은 점의 한쪽에서 다른 쪽까지 도달하려면 천만 개 이상의 작은 원자들을 일렬로 세워야 한다. 우리에게는 아주 작지만 천만 개 이상의 원자를 한 줄로 늘어놓을 수 있을 만큼 큰 마침표와 비교하면 개별 원자가 얼마나 작은지 알 수 있을 것이다. 전 세계 모든 해변의 모래알보다 주방에 있는 토스터기에 원자가 더 빽빽하게 밀집되어 있다는 사실을 알고 있는가?

그러나 원자는 그 자체로도 작지만 전자, 양성자, 중성자라고 불리는 더 작은 입자들로 구성되어 있다. 각 원자에 포함된 이러한 입자의 수가 백아홉 개 중 실제로 어떤 원자인지를 결정한다. 원자 속에 있는 양성자 개수는 원자 번호를 결정한다. (잠깐! 지금은 화학 원소에 대해서는 다루지 않겠다. 고등학교 때 주기율표를 외웠다면 모든 기호를 기억하고 있을 것이라 확신한다!)

쿼크quark에 대해 들어보았는가? 과학자들은 지금까지 데모크리토스의 원자를 양성자, 중성자, 전자를 훨씬 뛰어넘어 분해하며 그 개념을 발전시켰다. 그들은 물리학자들이 입자동물원이라고 부르는 목록에 섞여있는 여섯 가지 종류의 쿼크를 확인했다. 이 입자동물원에서는 각각의 입자 그룹을 족tribe이라고 부른다. 쿼크는 원자핵보다 천 배나 작다. 이것은 정말 대단한 것이다. 원자의 구십구 퍼센트가 그저 빈 공간이기 때문이다.

이쯤에서 원자 이야기는 그만하겠다. 물론, 암흑 물질과 현재 끈 이론의 일부로 다루어지고 있는 입자동물원의 더 작은 분해에 대한 논의로 넘어갈 수도 있다. 그러나 우리 대부분은 그 요점을 분명히 이해해야 한다. 다른 사람들은 필연적으로 학습의 최종 지점에 도달해 자신이 배운 것과 자신이 누구인지에 만족하게 되지만, 당신과 나는 우리에게 내재된 잠재력을 최대한 실현하기 위해 계속 나아가야 한다.

항상 자신이 생각하는 모든 것을 믿지 마라. 그렇지 않으면 인생에서 경험할 수 있는 기하급수적인 성장이 끝날 수 있다.

솔로몬 왕은 일생 동안 우리는 잃어버린 보물을 찾듯 지혜를 찾아야 한다고 썼다. 그는 지혜는 어떤 대가를 치르더라도 그만한 가치가 있다고 단언했다. 진리는 지혜의 기초다. 그리고 알다시피 원칙은 근본적인 진리다. 따라서 근본적인 진리가 항상 참이라는 것을 알면 원칙은 늘 작동한다는 것을 알 수 있다.

이것은 우리가 지혜로워지고 싶다면 원칙에 대한 방대한 지식을 얻으려고 노력해야 한다는 것을 말해준다. 우리는 그 원칙을 이해하기 위해 노력해야 한다. 그렇다면 우리는 원칙을 더 깊이 이해하는 방법을 생각하면서, 훨씬 더 많이 파고들어야 한다.

원칙에 대해 깊이 이해하면 당신과 당신의 가족을 보호하는 놀라운 힘이 생긴다. 원칙은 항상 작동하기 때문에 당신이 원칙을 알고 있든 모르든 상관없이 작동한다. '법의 무지는 용서되지 않는다'라는 문구를 들어본 적이 있는가? 법을 몰랐다는 이유로 법을 위반한 사람이 책임을 면피할 수 없듯이, 원칙을 몰랐다고 해서 원칙을 어겼을 때 발생하는 결과로부터 보호받을 수 있는 것이 아니라는 점을 기억해야 한다.

중력은 원칙이다. 그것을 알고 있는지, 이해하고 있는지, 동의하는지는 중요하지 않다. 당신이 절벽 가장자리에서 발부리에 채어 비틀거리면 당신이 놀라든 말든 중력의 원칙이 그 위력을 온전히 발휘할 것이다.

중력은 사과가 뉴턴의 머리 위로 떨어지기 훨씬 전부터 작용하고 있었다는 사실을 잊지 마라. 하지만 사과가 떨어지고 그 의미를 이해한 뉴턴은 그것을 다른 사람들에게 설명할 수 있었다. 그는 수년에 걸쳐 중력에 대해 더 깊이 이해하게 되었다. 이를 통해 사회는 그 원칙을 활용해 비행기, 현수교, 그리고 중력이 작용하는 모든 것을 만들 수 있었다.

더 깊은 이해는 지금보다 조금 더 이해하는 것일 뿐이다.

조금만 더 이해하면 세상을 바꿀 수 있다.

★ ★ ★

새로운 것을 배우면 유익하다는 것은 두말할 나위가 없다. 그러나 가장 흥미로운 것은 거의 고려되지 않는 또 다른 퍼즐 조각이다. 이전에는 잘하지 못했던 분야라든가 전혀 알지 못했던 분야, 혹은 대단히 잘못 알고 있던 분야에 대해 더 많이 배우고 더 깊이 이해하고 더 명확하게 알게 되면 거의 압도적인 경쟁 우위를 확보할 수 있다.

생각해 보라. 관점과 명확성이 생기면 이전에는 이해할 수 없었던 방식과 수준으로 무언가를 이해하게 된다는 사실을 깨닫게 된다. 예를 들어, 이 책을 읽고 나면 당신의 경쟁자가 거의 이해하지 못했던 몇 가지 사항에 대해 다른 관점과 향상된 수준의 명확성을 갖게 될 수도 있다.

사업을 하고 있거나 직업이 있다면, 선수 또는 코치로 스포츠에 참여하고 있다면, 당신은 내가 고객에게 가르치는 핵심 프로세스의 첫 번째 단계인 경쟁자가 경기 중이라는 사실조차 모르는 수준에서 경쟁하는 방법을 익히기 시작할 것이다. 이는 경쟁자가 당신이 사용하는 전술이나 방법을 알지 못할 정도로 매우 진보적이거나 혁신적이거나 또는 교묘하게 접근하는 방식이나 전략을 말하는 것으로 경쟁자가 이러한 사실을 인지했을 때는 이미 당신은 상당한 우위나 이점을 확보한 후일 것이다.

특히 모든 업계의 경쟁자들이 똑같은 방식으로 경쟁하기 때문에 생각보다 쉽게 할 수 있다. 그리고 모두 같은 방식으로 경쟁하기 때문에 서로를 면밀히 관찰하고 자신이 이미 알고 있는 것을 한다.

즉, 경쟁자들은 업계 표준, 모범 사례 매뉴얼, 업무 수행 방식에 대한 내재된 문화적 사고방식 때문에 당연히 해야 한다고 생각하는 일을 한다.

다른 수준에서 경쟁하려면 어떻게 시작해야 할까? 자신의 생각, 특히 업계에서 일이 어떻게 이루어지는지에 대한 생각을 점검하고 자신이 생각하는 모든 것을 항상 믿을 수는 없다는 것을 깨달아야 한다!

우리가 살면서 자신에게 물어야 할 다음 두 가지 중요한 질문이 있다.

1. 지금까지 살아오면서 삶의 거의 모든 결과를 바꿀 수 있는데도 아무것도 시도하지 않고 현재 상태에 계속 머물러 있을 작정인가?
2. 언제가 '지금 시작하기에 좋은 때'인가?

사
소
한

것
들

# 관점

관점은 해답 그 자체보다 언제나 더 가치 있는 유일한 것이다.

수년 동안 나는 관점의 힘을 그 어떤 원칙보다 꾸준히 이해하려고 노력하며 흥미를 갖게 되었다. 이 놀라운 힘에 대해 항상 더 많은 것을 배우고 있어서 나는 모든 책과 강연을 통해 이 관점의 힘에 대해 이야기하는 것 같다. 소설 속 등장인물 간의 토론 형식을 취하든, 지금 이 책에서 하려는 몇 가지 사실에 대한 진술 같은 형태든.

**사실 : 관점을 선택하는 것은 바로 자기 자신이다.**

많은 사람들이 무력감을 느끼는 세상에서 살면서도 통제할 수 있다는 것은 정말 멋지지 않은가? 관점의 본질을 이해하고 그 권위를 기꺼이 활용한다면, 그렇게 될 수 있다.

당신의 관점은 당신만의 것이다. 당신의 것이니 누구도 당신의 허락 없이 당신의 관점을 바꾸거나 깎아내릴 수 없다. 당신은 자유 의지로 창조되었다. 사물이나 현상을 보는 방식은 당신이 선택할 수 있다. 예를 들어, 다른 사람들은 특정 상황을 끝이라 하더라도 당신은 그것을 단지 시작이라고 결론낼 수 있다.

자신의 인식이 곧 자신의 현실이라는 말을 들어보았을 것이다. 이 말은 종종 사실로 밝혀지곤 한다. 하지만 큰 영향력과 풍요로운 보상을 누리며 삶을 살고자 한다면, 인식과 관점의 차이를 이해하는 것이 중요하다.

상황을 어떻게 인식하는가? 이처럼 인식은 주어진 순간에 사실이 실제 무엇인지를 판단하는 것과 관련이 있다. 반면 관점은 자신이 궁극적으로 원하는 목적지로 향하는 방향성 측면에서 그 순간의 사실이 무엇을 의미하는지를 결정하는 것과 관련이 있다.

즉, 인식은 무엇인지에 관한 것이다.

하지만 관점은 무엇인지에 대한 우리의 해석에 따라 그 시섬부터 앞으로 일어날 일을 지시하는 우리의 능력과 관련이 있다.

인식은 특정 순간의 특정 사건에 대한 정확한 이해를 제공할 수 있지만 적절한 관점 없이 그 자체로 사용되면 냉소주의와 절망감으로 이어질 수 있다. 특정 상황에 대한 인식에 적절한 관점을 추가해야만 우리가 선택한 미래를 효과적으로 형성할 수 있다. 사실, 이런 이유로 어떤 것에 대한 인식과 관점이 거의 같아서는 안 된다.

예를 들어, 한 상황을 '일어날 수 있는 최악의 일'로 인식한다고 가정해 보자. 만약 그 인식에 당신의 관점을 맞춘다면, 당신은 또한 그 인식이 당신의 미래를 결정하고 제한하도록 허용하는 것이다. 따라서 당연히 무너지고, 불평하고, 아무것도 하지 않아 결국 당신의 인식이 영원히 그 정확성을 유지하도록 만들게 된다. 사실상 당신의 인식이 정확히 맞았고, 다른 관점의 힘이 없었다면 그 상황은 정말 일어날 수 있는 최악의 상황이었을 것이다.

물론 최악의 상황이 발생하더라도 다른 관점을 자유롭게 선택할 수 있다. 일어나서 툭툭 털어버리고 웃을 수도 있다. '재앙의 잔해'를 파헤쳐 귀중한 교훈을 얻을 수도 있다. 같은 상황에 다시 맞닥뜨린다면 어떤 것이 효과가 없는지 미리 알 수 있는 드문 기회였다고 감사하면서 다른 방법을 활용해 기어를 바꾸고 새롭게 시작할 수도 있다. 시간이 나면 독서와 기도, 조용히 사색하는 데 사용할 수 있다. 그런 다음, 그렇게 하지 않았더라면 알 수 없었을 놀라운 미래에 대한 확실한 계획에 새로 얻은 모든 이해를 통합시킬 수 있다.

이쯤 되면, 당신은 자신의 관점을 선택함으로써 자신만의 현실을 창조할 수 있다는 사실을 깨달을 수 있을 것이다. 그 현실이란 무엇일까? 일어날 수 있었던 최악의 일이 이제 일어날 수 있었던 최고의 일이 된 것이다.

관점을 선택하면 무엇이 효과가 있고 무엇이 최고나 최선인지 구분하는 데도 도움이 된다. 당신이 배울 수 있는 가장 가치 있는 교훈 중 하나는 이 두 가지가 거의 같지 않다는 것이다. 위기의 순간에 대부분의 사람들은 답을 찾는 데 급급해 그 시기나 가치를 적절히 고려하지 않은 채 아무 답이나 그 상황에 밀어 넣고 만다.

지적인 사람들이 내리는 선택과 결정은 대개 어떤 식으로든 어느 정도는 효과가 있다. 하지만 어떤 상황에서 가장 좋은 최고나 최선의 답은 시기를 포함하는 경우가 많다.

덧붙여 말해서 지적인 사람들이 얼마나 자주 사실을 모은 다음 그 사실에 근거해 결정을 내리는지 주목하기 바란다. 사실 대부분의 사람들이 그렇게 하는데, 그 이유는 어떤 식으로

든 어느 정도는 효과 있는 결과를 만들어내기 때문이다.

그 방법을 현명한 사람들이 어떻게 같은 유형의 상황에 대처하는지 살펴보자. 그들도 사실을 모른다는 것을 금방 알 수 있을 것이다. 하지만 현명한 사람들은 사실만을 바탕으로 결정을 내리는 대신, 먼저 사실들을 세분화해 건전한 관점을 적용한다. 이러한 관점을 통해 최고나 최선의 행동 방침을 선택하고 모든 것을 최적의 시기에 실행에 옮길 수 있다. (참고로 최고나 최선의 선택에 대한 내용은 뒤에서 자세히 확인할 수 있다.)

상황에 대한 관점은 침착함을 만들어낸다. 침착함은 명확한 사고로 이어진다. 명확한 사고는 아이디어를 산출하고 문제 영역과 기회 사이의 차이를 구분하는 데 도움이 된다. 또한 명확한 사고는 완벽한 시기를 정확히 찾아낸다. 그리고 이 모든 것이 최고나 최선이라고 확신할 수 있는 해답으로 이어진다.

**사실 : 관점은 사실을 조금도 바꾸지 않고도 결과를 극적으로 바꿀 수 있는 유일한 것이다.**

나는 이 점을 증명하는 이야기로 이 책을 다 채울 수도 있다. 이러한 이야기는 경력상 결과를 바꾼 개인의 관점부터 성적을 바꾼 학생의 관점, 역사를 바꾼 국가의 관점까지 다양하다.

여기서는 단순하지만 관점만으로 놀라운 결과를 가져온 사례를 살펴보고자 한다.

이 글을 쓸 당시(2017년대) 미국의 패스트푸드 레스토랑은 연간 평균 80만 달러의 수익을 올리고 있었다. 그리고 당시 내가 찾은 그 데이터에 따르면, 일요일이 패스트푸드점을 운영하기에 가장 좋은 날이다. 다른 날보다 일요일에 패스트푸드점에서 훨씬 더 많은 돈이 소비된다. 여러 장에 걸친 이 데이터는 이것이 미국인의 식습관에서 나타난 새로운 특이점이 아니라 오랫동안 지속되어 온 현상임을 보여준다.

수년 동안 거의 모든 패스트푸드 업계는 이와 똑같은 데이터와 똑같은 사실을 나타냈다. 이러한 사실을 면밀히 검토한 후 각 기업은 그 사실을 똑같은 방식으로 바라볼까? 똑같은 데이터를 바탕으로 그들 모두 똑같은 관점을 선택할까? 아니다. 그렇지 않다.

맥도날드의 경우만 보더라도 쇠뿔도 단김에 빼고 해가 비칠 때 건초를 말리는 것이 합리적이라고 판단했다. 일요일에는 다른 요일보다 확실히 더 많은 돈을 벌 수 있다. 늘어난 고객들에게 신속하게 서비스가 제공되어야 한다. 따라서 맥도날드의 관점에서는 일요일이 가능한 한 많은 직원을 고용하기에 좋은 날이다. 일주일 중 가장 많은 직원을 매장에 배치하기 위해서다.

칙필에이Chick-fil-A 역시 수년 동안 똑같은 데이터를 접했다. 업계 사실과 수치가 발표될 때마다 칙필에이의 임원진은 맥도날드의 임원진에게도 똑같은 방식으로 동시에 전달된 같은 세부 정보를 검토한다.

정보는 명확하고 일관적이다. 계속해서 일요일은 다른 요일보다 큰 매출 차이를 보여준다. 하지만 똑같은 데이터를 검토한 칙필에이의 관점은 단순히 치킨샌드위치를 하나 더 팔아 매출을 증진시키는 것보다 더 중요한 사항들의 발견이다. 즉, 일요일은 직원들이 휴가를 쓰기 좋은 날이라는 것이다. 이를 통해서 직원들이 가족들과 함께 할 수 있고, 마음을 재정비하고 심호흡을 할 수 있는 여유를 가지며, 원하는 사람들은 교회에 참석할 수 있도 있다.

이렇게 같은 업계, 같은 데이터라도 관점이 다르다. 그런데 여기서 정말 흥미로운 점이 있다. 패스트푸드 업계의 평균 매출을 기억하는가? 전반적으로 모든 프랜차이즈와 체인점을 통틀어 각 레스토랑의 연간 총수익은 평균 80만 달러다. 맥도날드의 운영은 분명 평균을 훨씬 웃돌기 때문에 맥도날드의 평균 수익이 연간 260만 달러라는 사실이 놀랍지 않을 것이다.

칙필에이가 이러한 경쟁과 수치에 훨씬 뒤쳐질 것이라 생각할 것이다. 하지만 천만에, 전혀 그렇지 않다. 칙필에이는 하루 24시간 영업을 하지 않으며 일요일에는 문을 닫는다는 사실을 기억하자. 칙필에이는 연간 영업일이 52일이나 줄고 일일 영업시간이 줄어들었음에도 불구하고 연간 평균 4백만 달러의 수익을 올린다.

관점은 아주 사소한 것이지만 사실을 조금도 바꾸지 않고도 결과를 극적으로 바꿀 수 있는 유일한 것이다.

10
장

사
소
한
것
들

# 공기소총
# 한 자루

**그의 손에는 내가 본 무기 중 가장 멋지고 치명적으로 보이는
오톨도톨한 질감의 개머리판이 들려 있었다.**

_ 진 셰퍼드 Jean Shepard

현재 미국의 영토는 한때 임의의 경계에 따라 네 지역으로 분리되어 영국, 프랑스, 스페인, 그리고 당시 막 독립한 미국 등 네 나라가 소유하고 있었다는 사실을 알고 있으리라 생각한다.

하지만 역사가들이 간과한 더 큰 이야기, 신생 국가가 어떻게 그 모든 영토를 소유하게 되었는지에 대한 보충 설명이 있다. 이 이야기는 1804년부터 1806년까지 2년 동안의 이야기로, 한 자루의 총에 관한 것이다. 이 총은 단 한 번도 사람을 향해 발사된 적이 없었다. 그러나 이 총은 계속해서 사용되어 역사상 가장 영향력 있는 무기 중 하나가 되었다. 미국이 현재의

지리적 형태로 확장하는 데에 이 총이 여러 차례에 걸쳐 많은 영향을 미쳤다는 것은 의심의 여지가 없다.

어떤 종류의 총이었을까? 맞춰 보라! 켄터키 장총이라고 생각하는 사람? 새뮤얼 콜트의 6연발 권총이라고 생각하는 사람? 방아쇠울로 장전하는 윈체스터 레버 액션식 연발총이라고 생각한 사람? 모두 아니다.

모두 좋은 추측이지만 그 총들은 미국이 '태평양에서 대서양'까지 뻗어나갈 수 있게 해준 총에 비할 바가 아니다.

그 총은 바로 공기소총이었다.

흥미롭지 않은가? 공기소총, 하면 가장 먼저 떠오르는 것이 있는가? 영화 〈크리스마스 스토리A Christmas Story〉의 한 장면이 바로 떠오른다면 당신만 그런 건 아니다. "공기소총? 그러니까 '공식 레드 라이더 카빈 액션Red Ryder carbine-action, 200발 사거리 모델' 개머리판에 나침반이 있고 시간을 알려주는 그거?" 이 대사를 기억하는 사람들이 많을 테니.

대다수는 공기소총을 아홉 살짜리 아이가 갖고 싶어 하는 장난감쯤으로 생각한다. 하지만 앞서 말했듯이 이 공기소총의 과거에는 강력한 힘에 관한 이야기가 있다. 진짜 힘. 쇠를 벼리듯 나라를 세울 수 있는 그런 힘 말이다.

다시 말해, '눈알 빠지게 쏴버리는(영화 〈크리스마스 스토리〉의 대사로 장난감 총의 잠재적 위험성을 경고하는 내용으로 자신의 눈을 쏘아 눈알이 빠질 수 있다는 심각한 부상의 위험을 과장되게 표현한 것임-옮긴이의주)' 데 필요한 것보다 더 많은 힘을 제공한다!

1804년 5월 디스커버리 탐험대가 미주리주Missouri를 출발해 미지의 땅으로 향했다. 총 서른세 명으로 구성된 '상설 탐험대'는 미국의 제3대 대통령 토머스 제퍼슨Thomas Jefferson으로부터 "저 밖에서 무엇이든 찾아내라"는 임무를 부여받았다. 미주리주는 당시 미국의 서쪽 끝자락에 위치해 있었으며, 의회를 포함한 대부분의 미국인들은 그 미지의 땅에 무엇이 있던 프랑스, 스페인, 영국이 차지할 수 있다고 생각했다. 제퍼슨은 이에 동의하지 않았다.

대통령은 미 육군 대위 메리웨더 루이스를 탐험대장으로 임명했다. 루이스는 친구인 윌리엄 클라크를 부대장으로 임명했다. 공식적으로 명시된 탐험의 목적은 태평양으로 향하는 수로를 발견하는 것이었고, 제퍼슨은 이 탐험에 대한 공적인 명분으로 더 큰 상업 발전의 가능성을 내세웠다. 하지만 사적으로는 전혀 다른 이유가 있었다.

제퍼슨은 서쪽의 광활한 땅에 관한 이야기를 들었다. 또한 제임스 쿡 선장의 세 번째 태평양 횡단 항해에 대한 이야기와 1801년에 출간된 알렉산더 맥켄지Alexander Mackenzie의 책《몬트

리올에서의 항해_Voyages from Montreal_》를 읽었다. 특히 이 책은 영국이 점점 더 가치가 높아지는 태평양 북서부의 모피 무역을 통제하려는 의도를 가지고 있다는 사실을 대통령에게 각인시켜주었다. 목재, 금, 맑은 물, 비옥한 계곡에 대한 이야기에 이러한 정보가 더해지자 제퍼슨은 미국이 가능한 한 빨리 그 영토를 보호해야 한다고 판단했다.

의회는 탐험대 자금으로 2,500달러만 지원했다. 제퍼슨의 비밀 자금원으로 알려진 곳에서 거의 5만 달러를 더 지원했다. 이 돈은 결국 2년 4개월하고 10일에 걸친 대장정의 기간 동안 필요한 물품을 구입하는 데 사용되었다.

여정은 세인트루이스 북쪽 미시시피강에 있는 캠프 뒤보아에서 시작되었다. 5월 24일, 탐험대는 대니얼 분 정착지를 통과했다. 거의 2주 후 캔자스주 애치슨에서 독립기념일을 기념했다. 그리고 1804년 7월 21일 디스커버리 탐험대는 세인트루이스에서 640마일 떨어진 플래트강에 도착했다. 그들은 북미 인디언 부족 중 하나인 수_Sioux_ 족의 영토에 진입한 것이다.

그날부터 루이스와 클라크 탐험대는 오토 부족, 미주리스 부족, 양톤 부족 등 인디언 부족들과 계속 접촉했는데, 그 누구도 백인의 존재를 달가워하지 않았다. 그해 9월 말에는 적대적인 라코타 수족에게 저지를 당했다. 10월 8일 루이스와 그의 대원들은 2,000명이 넘는 아리카라 부족과 맞닥뜨렸다.

하지만 그들은 만단족, 히다차족, 쇼쇼니족, 플랫헤드족, 네즈퍼스족, 치누크족, 블랙풋족과의 끊임없는 접촉에도 불구하고 대원들과 보급품을 잃지 않고 계속 나아갔다.

1805년 11월 20일 탐험대는 마침내 태평양에 가까스로 발을 디뎠다. 탐험대는 콜럼비아강 남쪽에서 겨울을 보내고, 1806년 3월 22일 다른 경로를 통해 동쪽을 향해 고향으로 향했다. 이 귀환 여정에서 그들은 거의 끊임없이 더 많은 다른 인디언 부족을 만났다. 그들은 봄과 여름을 지나 마침내 9월 23일 세인트루이스에 도착했다.

2년 4개월하고 10일. 그 기간 동안 탐험대원 중 한 명이 맹장 파열로 사망했다. 그러나 루이스와 클라크 탐험대는 불운한 찰스 플로이드를 제외하고 더는 다른 대원을 잃지 않았다. 분명한 것은 인디언 땅 한가운데를 공공연히 지나갔음에도 불구하고 탐험대원 중 단 한 명도 폭력으로 인해 목숨을 잃지 않았다는 점이다.

수년간 역사가들은 루이스와 클라크가 어떻게 단 서른여 명의 인원으로 대륙을 횡단하고 그들의 존재를 대놓고 적대시하는 인디언들에게 목숨이나 보급품을 잃지 않고 돌아올 수 있었는지가 궁금했다. 어떻게 2천 명의 아리카라족을 물러나게 했을까? 루이스의 개를 도둑맞았을 때, 어떻게 개를 돌려달라고 당당히 요구할 수 있었을까? 쇼쇼니족은 왜 탐험대가 로키산맥을 넘을 수 있도록 그들에게 스물아홉 마리의 말을 내주었을까?

이 모든 질문에 대한 답은 루이스가 공기소총을 가지고 있었기 때문이다. 1804년까지 서쪽으로 이주하던 사람들은 미시시피강까지 이동했다. 150여 년 만에 문명이 대서양에서 확장되었다. 사람들은 대서양에서 뻗어나간 땅에 정착하고 개발했다. 이는 인디언들에게 백인들이 이곳에 머무를 작정일뿐만 아니라 서쪽 경계를 계속 밀고 나갈 것이라는 확신을 주기에 충분한 시간과 거리였다.

더 이상 정착민들의 존재에 관대하지도, 그들의 정부와의 협상에 응하지도 않던 인디언들은 자신들의 땅을 지키기로 결심했다.

이를 위해 인디언들이 개발한 전투 기술은 매우 훌륭했다. 대부분의 인디언들은 총을 가지고 있지는 않았지만 활, 칼, 곤봉, 말, 그리고 성공적으로 공격하기 위한 정확한 순간을 알아볼 수 있는 탁월한 능력을 가지고 있었다. 그런데 이상하게도 적절한 공격 시기를 알려준 것은 백인의 총이었다.

1800년대 초의 소총은 총구로 탄환을 장전하는 전장식의 단발식 무기로, 한 번 발사한 후 재장전하는 데 보통 30~40초가 걸렸다. 물론 인디언들은 이 사실을 알고 있었기 때문에 걸어서 나무 사이로 잽싸게 피하거나 종종 말을 타고 적 가까이 전속력으로 달렸다. 이 전술의 핵심은 적의 사격을 유도하는 것이었다. 불가피하게 백인이 한 발을 쏘면 인디언들은 소총수가 재장전하기 전에 즉시 달려들어 백인을 공격했다.

인디언이 장전된 소총을 든 백인의 상대가 되지 못한 것은 사실이지만, 일단 소총이 발사되고 나면 전세가 역전되었다. 칼과 곤봉으로 무장한 인디언 무리에 맞설 백인은 없었다. 적과 몸으로 맞붙을 정도의 거리에서 펼치는 백병전같이 근접전이 벌어졌을 때 인디언은 적수가 없었다.

지란도니Girandoni 공기소총에 대해 찾아보라. 이탈리아 발명가가 고안한 지란도니는 1780년부터 1815년까지 오스트리아 육군에서 사용되었다. 이 소총은 길이가 4피트, 무게가 약 10파운드로 당시의 단발 전장식 소총과 거의 똑같은 크기와 모양을 하고 있었다. 이 공기소총의 개머리판은 탈착식 공기 저장소였으며 오늘날의 자전거 펌프와 비슷한 핸드 펌프로 공기가 채워진다.

이 공기소총은 아름답고 정교했다. 46구경 납탄을 발사했는데, 유효사거리가 125야드나 되었다. 추진제나 화약을 전혀 사용하지 않았기 때문에 총을 쏠 때 연기가 나지 않았고, 동력원이 압축공기여서 특히 당시의 다른 총과 비교했을 때, 이상할 정도로 조용했다.

그렇다. 지란도니는 모든 면에서 특이하기도 했지만 특히 너무 놀라운 특징이 한 가지 있었다. 그것이 디스커버리 탐험대에게 큰 도움이 되었다. 이 공기소총에는 총신에 튜브 모양의 탄창이 장착되어 있었는데, 이 탄창은 중력을 이용해 46구경 총알 스무 발을 장전할 수 있었다. 지란도니는 매번 총을 쏜 후 공기압을 다시 높일 필요 없이 연속으로 사격할 수 있었던 것이다. 방아쇠를 당기고 나서 재장전할 때 필요한 유일한 동작이라곤 총신을 살짝 들어 올리는 것뿐이었다. 그러면 새로운 총알이 제자리로 굴러 들어갔고, 몇 초 안에 공기소총을 다시 발사할 수 있었다.

루이스는 웨스트버지니아주 하퍼스페리에서 탐험에 필요한 물품을 구입하던 중 즉흥적으로 소총을 구입했다. 그 소총을 추가로 구입한 것은 우연이었다. 처음에는 인디언들의 대담함에 놀랐지만, 대원들은 곧 자신들이 공격할 만한 '규모'를 갖추고 있다는 사실을 깨달았다. 루이스는 인디언 부족들이 자랑하는 전사 수에 비하면 자신들의 상대가 되지 않는다는 것을 알고는 허세를 부렸다.

그후 루이스는 떠돌이 부족이든 대규모 집단의 부족이든 인디언과 만나면 바로 족장들에게 선물을 주며 소총 시범을 보이겠다고 큰소리쳤다. 공기소총을 손에든 채 그는 한 대원에게 약 100야드 떨어진 곳에 과녁을 놓으라고 지시했다. 모든 사람의 시선이 그에게 집중되면 루이스는 총을 쏘아 과녁을 명중시키고 또 명중시키기를 반복했다.

'이게 무슨 마술일까?' 인디언들은 궁금했을 것이다. '총에서 소리가 나지 않고 재장전을 하지 않았는데도 연이어 총을 쏠 수 있다니!'

2년이 넘는 기간 동안 루이스의 마술은 탐험대를 공격으로부터 보호해주었다. 하지만 흥미롭게도 인디언들이 이 총에 대해 알지 못했던 것이 탐험의 성공에 결정적인 영향을 미쳤다.

예를 들어, 루이스는 인디언들에게 총에 공기가 주입되는 모습을 보여주지 않았기 때문에 인디언들은 총의 힘의 원천이나 그 한계를 전혀 알지 못했다. 그들은 지란도니의 공기실을 채우기 위해 약 1,500번의 핸드 펌프질이 필요하다는 사실을 알지 못했다. 또한 루이스가 특정 목표물에 대해 12회나 14회 이상 연속 사격하는 것을 항상 거부했기 때문에, 인디언들은 몇 발까지 연이어 사격할 수 있는지에 대한 개념이 없었고 그저 무제한으로 계속 총을 쏠 수 있을 거라고 생각했다.

그러나 무엇보다도 인디언들이 디스커버리 탐험대가 지니고 있는 모든 총이 루이스가 시범에 사용한 총과 똑같을 것이라 믿게 된 것이 결정적이었다. 따라서 인디언들은 서른 발이나 되는 이 총기의 연사 속도에 맞서 살아남을 자신이 없었기 때문에 전혀 공격하지 않았던 것이다.

미국의 현재 지리가 루이스와 클라크, 그리고 그들의 탐험대에 의해 가능해졌다는 것은 역사가들이 인정하는 사실이다. 만약 탐험이 실패했다면, 그래서 그들이 "저 밖에서 무엇이든 찾아내라"는 임무를 완수하지 못했다면 오늘날 미국은 분명 다른 세상에 살고 있을 것이다. 그리고 탐험의 성공으로 인한 지금의 모든 것이 이렇게 사소한 일과 관련 있었다고 생각하니 놀라울 따름이다.

루이스와 클라크 탐험대의 이야기는 비록 역사상 단일 국가가 아닌 서로 다른 문화와 사회를 가진 다양한 인디언 부족이긴 했어도 부족 전체가 그런 식으로 맥없이 패배한 유일한 사례로 기록되어 있다.

놀랍게도 인디언들이 겨우 공기소총 때문에 패배했다니! 단 한 자루의 공기소총 때문에! 한 번도 사람에게 조준한 적이 없는 공기소총, 그 한 자루 때문이었다.

11
장

사소한 것들

# 남들과
# 다른 것

안락함, 인정받음, 안정감은 보통 사람들이 당장 원하는
삶의 보상이다.
하지만 탁월한 성취를 이룬 사람들은 한동안 이런 보상이 없어도
가족들이 대대손손 이러한 보상을 누릴 수 있도록 계속 일한다.

더 많은 것을 성취하기 위해 선량하고 근면한 사람들이 많은데, 왜 상대적으로 소수의 사람들만이 탁월한 결과를 달성하는지 궁금한 적이 있는가? 나는 그 이유의 상당 부분을 다음과 같이 설명할 수 있다고 생각한다. 누구나 변화를 원하지만 아무도 기꺼이 달라지려고 하지 않는다.

우리 대부분은 동료들이 내는 성과와 거의 비슷한 수준의, 즉 '평균 수준의 우수성'에 도달하고 이를 유지한다. 다시 말해, 우리는 똑같은 보통의 결과를 얻는 경향이 있다. 그리고 사무실이나 팀에서만 비슷한 결과가 나오는 것이 아니라 전 세계적으로 모든 산업에서도 비슷한 결과가 나온다. 이는 모든 스포츠, 교육 시스템, 그리고 문화 기관에서 흔히 볼 수 있는 현상이다.

아직 모를까 봐 말해 두자면, 평균의 보통 사람들은 자신을 다른 사람들과 비교하는데, 이것이 바로 그들이 평균인 이유다. 그들은 다른 사람들의 재정, 결혼, 자녀, 집, 휴가, 자동차 등 이 모든 것을 지표로 삼아 자신의 성과 결과가 동등한 수준인지 측정한다. 보통 남성은 자신이 동료들보다 조금 앞서 있다고 판단하면 약간 여유를 갖는 것이 정당하다고 느낀다. 보통 여성은 자신이 다소 뒤처져 있다고 판단하면 따라잡기 위해 더 열심히 일한다. 이는 보통 사람들이 자신을 다른 사람들과 비교하기 때문에 발생한다.

이들이 간과하는 대부분의 것들은 일상생활을 구성하는 사소하고 평범해 보이는 요소들이다. 게다가 대부분의 사람들은 이런 사소한 것들을 알아채더라도 다시 생각해 보지 않는다. 이런 사소한 것들이 다시 생각할 가치가 없는 것이 아니라 사람들이 가치가 있다고 다시 생각하지 않기 때문이다.

탁월한 성취를 이룬 사람들은 어떨까. 그들은 자신을 다른 사람과 비교하지 않는다. 대신에 스스로를 자신의 잠재력과 비교한다. 그렇다면 그들의 잠재력은 무엇일까? 그들이 뭐라고 생각하든 상관없다!

한 가지 확실한 것은 그들이 당신이나 내가 그들의 잠재력을 정의하도록 두지는 않을 거라는 것이다.

10대들과 함께 일하는 사람들과 이야기할 때, 나는 종종 이렇게 묻곤 한다. "10대들의 가장 큰 삶의 고민은 무엇인가요?", "그들은 무엇을 가장 많이 생각하나요?" 그들의 대답은 거의 항상 '10대들의 압도적인 욕구와 관련이 있다. 10대들은 인정받고 싶거나 또래들과 어울리고 싶어 하는 욕구가 강하다. 다르거나 '이상하다'고 느끼는 것을 극도로 싫어한다'이다. 이는 놀라운 일이 아니다. 대부분의 성인들도 여전히 같은 감정을 느끼고 있기 때문이다.

다음은 주변의 10대들에게 물어볼 수 있는 훌륭한 질문들이다. 스스로에게 물어볼 수 있는 좋은 질문이기도 하다. 기억하라. 당신이 항상 추구하는 것은 이해 수준을 지속적으로 높이는 것이다.

1. 재정, 여가시간, 직장이나 가족, 사업에 대한 만족감 측면에서 보통 사람들이 사는 방식을 살펴볼 때, 그들이 유난히 잘살고 있다고 생각하는가?

2. 지금부터 10년 후 방금 이야기한 사람들처럼 살 수 있다면 신나고 기쁠 것 같은가?

3. 왜 대부분이 그 자리에 있다고 생각하는가?

4. 다음 진술은 진실인가, 거짓인가?

'모든 의사가 의과대학을 졸업했다는 사실을 알고 있고, 언젠가 의사가 되고 싶다면 의과대학에 등록하는 것이 좋다.'

5. 다음 진술은 진실인가, 거짓인가?

'언젠가 변호사가 되고 싶다면 의대에 입학하는 것이 좋다.'

6. 앞선 질문에 대한 답이 왜 거짓인가?

7. 두 번째 질문을 다시 생각해 보라. 지금부터 10년 후 사실 남들처럼 사는 것이 신나고 기쁘지 않다면, 앞으로 10년 동안 남들과 다르면 다를수록 지금과 다른 곳에 있을 가능성이 더 높아진다는 것이 말이 될까?

대개 탁월한 성취를 이룬 사람들은 자신들이 원하는 수준의 성공을 이루기 훨씬 전에 이미 '남다르거나' 심지어 '이상한 사람'으로까지 여겨지는 것에 익숙해져 있다. 보통 사람들은 '남다르다' 또는 '이상하다'고 평가받는 것과 큰 성공을 거두는 것 사이의 연관성을 이해하거나 인식하지 못하는 경우가 많다. 그러나 다른 차원의 삶을 살고 싶다면 다른 사람들이 선택한 것과 같은 길을 걸어서는 그 목적지에 도달할 수 없다.

다시 말해서 남들과 다르게 살고 싶으면 남들과 달라야 한다!

당신도 다르게 행동해야 한다. 예를 들어, 오늘날 현대 사회에서 말하는 좋은 매너는 예전과는 여러모로 달라졌다. 먼저 이전과 지금의 매너가 다르다는 점이 처음에는 이상하게 보일 수도 있다는 것을 이해해야 한다.

나는 여행 중 만나는 사람들에게 내 책을 선물하는 경우가 많다. 몇 년 전에는 두 아들과 함께 여행을 떠난 적이 있었다. 여행하다가 아들들에게 읽어주려고 내가 쓴 동화책을 여러 권 챙겨 갔다. 나는 아이들에게 여행에서 만나는 아이들과 부모들에게 이 책을 나눠줄 것을 제안했다. (내 눈치로는) 무심코 아이들은 그러겠다고 했다.

하지만 아이들은 동화책을 나눠주지 않았다. 마지막 일정까지 마치고 집에 돌아와 여행 짐을 풀면서 내가 아이들에게 주었던 동화책이 배낭에 고스란히 들어 있는 것을 보았다. 나중에 왜 한 권도 나눠주지 않았느냐고 물어보았다.

"아빠… 진심이세요? 우리가 공항에서 어른을 보고 다가가서는 자기 아이에게 주라고 책을 건넬 수는 없잖아요." 큰아들이 말했다.

"왜 안 돼?" 내가 물었다.

"아빠… 이상해 보이잖아요." 큰아들이 내가 그 이유를 알아야 한다는 듯이 말했다.

작은아들은 형의 의견에 동조하며 눈썹을 치켜들고 고개를 끄덕였다.

"분명하게 짚고 넘어가야겠구나. 부모와 함께 있는 여섯일곱 살 아이를 봤다고 가정해 보자. 넌 미소를 지으며 다가가서 그 가족이 눈에 띄었고 동화책을 가지고 있다고 그들에게 말하는 거야. 그리고 저자의 사인이 들어있는 아주 화려한 색상의 양장본 책을 건네주는 거지. 그러면 그들은 네게 진심으로 감사하다고 말한 뒤 그 자리를 뜨겠지." 내가 말했다. 나는 잠시 멈췄다가 물었다. "그 상황이 이상하다고 생각하니?"

"맞아요. 이상해요." 두 아이가 한목소리로 말했다.

"알겠구나. 잠깐이면 되는데, 진실을 알고 싶지 않니?" 내가 숨을 들이마시고 미소를 지으며 말했다.

"좋아요." 아이들은 조심스럽게 대답했다.

"그래 좋아. 진실은 그건 이상하지 않다는 거야. 단지 이상하다고 생각할 뿐이지. 한 가족에게 책을 선물하는 것이 이상하다고 여기는 이유는 아무도 그렇게 하지 않기 때문이지. 하지만 그건 이상한 게 아니라 남다른 거란다. 만약 너희가 그

가족에게 달려가 혀를 내밀고 책을 집어 던졌다면 그래, 그건 이상할 거야. 아빠도 인정한다. 그렇지만 자신의 마음을 내어 주고, 친절하게 행동하고, 웃으며 이야기하고, 누군가를 만나면 반가워 악수하는 일은 결코 이상한 일이 아니야. 이런 것들을 이상하다고 느껴서는 안 된단다. 물론, 이런 행동들이 남다르긴 하지. 그래도 주의를 기울여 이런 식으로 행동하는 법을 배운다면, 너희의 삶도 달라질 거란다."

이 이야기를 마무리하면서 한 가지 덧붙이고 싶다.

전 세계 인구 비율에 비하면 탁월한 성취를 이룬 사람들은 많지 않다. 그래서 그들을 남다른 것으로 간주하는 것이다. 그들의 재정 상황은 보통 사람과는 다르다. 그들의 영향력도 뛰어나다. 그들은 다른 삶을 살고 있고 있는 것이다.

그러므로 탁월한 성취를 이룬 사람이 되고 싶다면, 남들과 달라야 하고 달라져야 한다!

사 소 한 것 들

12
장

# 동전의
# 한쪽 면

**영원한 비밀은 없다.**
**진실은 항상 수면 위로 떠오를 방법을 찾는다.**

루돌프 아벨<sub>Rudolf Abel</sub>은 누가 보아도 뛰어난 사람이었다. 1920년대와 1930년대에 소련 정보기관의 교관으로 근무했던 그는 제2차 세계대전 중 독일군을 상대로 여러 차례 성공적으로 작전을 직접 지휘했다. 전쟁이 끝난 후에는 KGB(구 소련의 정보기관 – 옮긴이주)에 영입되어 곧바로 대령 계급을 받았다.

1948년 아벨은 바르샤바로 이동해 소련 신분증을 버리고 미국 여권으로 위조해 신분을 바꿨다. 그리고 바르샤바에서 체코슬로바키아로, 스위스로, 그리고 파리로 넘어갔다. 그는 프랑스에서 배를 타고 북미로 항해해 캐나다 퀘벡에서 하선

했다. 며칠 만에 아벨은 몬트리올행 기차에 올랐고, 11월 17일 미국에 도착했다.

일주일이 조금 지난 후 아벨은 소련 영사관에 있는 인맥을 통해 사망한 한 아이의 출생증명서, 위조된 징병소집 카드, 위조된 세금증명서를 입수하고 천 달러 이상의 현금을 조달받았다. 또한 출생증명서와 일치하는 새 여권을 얻어 새로운 신분으로 곧 뉴욕에 거주할 수 있게 되었다.

1949년 7월 아벨은 소련 영사관에서 온 연락책을 만났다. 그는 자금을 제공받고 미국의 핵 기밀을 소련으로 밀반입할 목적의 첩보원 네트워크를 가동하라는 명령을 받았다.

오늘날 아벨이 이룬 업적의 대부분은 여전히 기밀 정보로 남아있다. 하지만 이 기간 동안 그는 고위급 군인에게만 수여되는 소련 훈장인 붉은 깃발 훈장 Order of the Red Banner 을 받은 것으로 알려져 있다. 그는 1957년 미국 연방법원에서 간첩 혐의로 체포되어 유죄 판결을 받은 후 45년 징역형을 선고받을 때까지 계속 활동했다. 그러나 형기 중 단 4년만 복역한 후 포로가 된 미국인 U-2 조종사, 프랜시스 게리 파워스 Francis Gary Powers 와 포로 교환이 되었다.

그렇다면 아벨은 어떻게 미국 연방법원에 붙잡혔을까? 그 부분이 이 이야기의 절정이다. 그럼 1953년 6월 22일 저녁으로 거슬러 올라가 보자.

지미 보자르트는 열세 살이었다. 그의 가족은 소년이 신문 배달로 번 돈으로 생계를 이어갔다. 그들은 가구도 거의 없는 낡은 아파트에서 근근이 끼니를 때우며 살았다.

한편 브루클린의 좋은 아파트 건물 6층에는 팁을 많이 주는 두 명의 학교 교사가 살고 있었는데, 지미에게 매주 구독료로 50센트씩을 주었다. 〈브루클린 이글 Brooklyn Eagle〉지 구독료는 35센트였지만 팁을 후하게 준 것이다. 1953년 당시 15센트는 적지 않은 금액이었고, 지미도 그렇게 큰 팁을 받는 경우는 거의 드물었다.

그날 저녁, 지미는 선생님들에게 감사 인사를 한 뒤 6층에서 계단으로 내려오면서 평소대로 즉시 돈을 정리했다. 신문 배달로 받은 돈은 왼쪽 주머니에, 팁으로 받은 돈은 보통 오른쪽 주머니에 넣었다. 이번에는 팁으로 5센트짜리 니켈 동전 3개를 받았다. 그러다 소년은 계단을 헛디딜 뻔했고, 몸을 비틀거리다 동전을 떨어뜨리고 말았다.

동전들이 여기저기 흩어져 계단 아래로 굴러떨어졌고 지미는 그것들을 주우려고 쫓아 내려갔다. 소년은 재빠르게 50센트 중 45센트를 찾았다. 나머지 5센트짜리 동전 1개를 유심히 찾았다. 그는 아래 계단에서 동전을 발견하고 안도의 한숨을 내쉬었다. 그런데 동전을 다시 찾았을 때 뭔가 이상하다는 것을 깨달았다. 그가 찾은 5센트짜리 동전의 한쪽 면에는 아무것도 없었다.

동전의 한쪽 면은 토머스 제퍼슨 대통령의 얼굴이었고, 얇은 뒷면은 바로 몬티첼로(제퍼슨 대통령의 사저로 사용된 건물 - 옮긴이주)가 새겨진 면이었다. 그런데 동전의 뒷면이 앞면과 떨어져 있었던 것이다. 제퍼슨의 초상화가 그려진 앞면이 바로 앞에 떨어져 있었다. 앞면에는 원형의 측면 테두리가 있었고, 그 속에 아주 작은 마이크로필름 조각이 붙어있었다.

지미의 아버지는 집에서 램프와 돋보기로 아들이 발견한 것을 면밀히 살펴보았다. 하지만 그게 뭔지 도통 알 수 없었다. 마이크로필름에는 여덟 자리에서 열 자리 길이의 숫자 열이 가득했다.

지미는 학교에 아버지가 뉴욕시 경찰청 형사인 친구가 있었다. 지미는 그 동전을 그 친구의 아버지에게 보여주려고 친구 집으로 갔다. 하지만 친구의 아버지가 집에 없자 지미는 동전을 주머니에 다시 넣고 몇몇 친구들과 스틱볼(도시의 거리 등 좁은 지역에서 행하는 야구 버전으로, 가벼운 공과 빗자루 따위를 갖고 하는 경기 - 옮긴이주)을 하러 나갔다.

한 시간 쯤 지나 형사인 친구의 아버지가 집으로 돌아왔고 친구 여동생으로부터 지미의 이야기를 전해 들었다. 그는 지체 없이 관할지구대 반장에게 이 사실을 알렸고, 몇 분 만에 친구 아버지와 다른 경찰관들이 열세 살짜리 지미 보자르트와 그 동전을 찾기 위해 출동했다.

경찰은 소년이 마침 교회에 와 있던 그의 어머니에게 동전을 줬을지도 모른다는 생각에 교회 헌금함을 압수했다. 또 지미가 그 돈으로 아이스크림을 사먹었을지도 모른다는 생각에 아이스크림 판매 트럭을 세워 그 돈도 압수했다. 하지만 곧 길거리에서 공놀이를 하고 있는 소년을 발견했다. "네가 지미 보자르트니?" 경찰들은 극도로 흥분해 물었고, 지미가 그렇다고 대답하자 소리를 쳤다. "그 동전 어쨌니?"

겁에 잔뜩 질린 소년은 주머니에서 동전을 꺼내 그들에게 주었다. 이후 4년이 넘도록 소년은 그 동전에 대해 어떤 말도 듣지 못했다.

1957년 가을 지미는 대학을 졸업하고 집에 돌아왔는데, 거실에 기자들이 지미를 기다리고 있었다. 기자들은 그 동전으로 소련 스파이 한 명이 체포되었는데, 그 동전을 건네준 사람이 바로 루돌프 아벨 대령으로 밝혀졌다는 소식을 알려주었다.

지미가 가지고 있던 속 빈 동전 속에는 암호화된 메시지가 들어있었는데, 미국을 위해 일하던 소련 망명자가 암호를 풀어 이를 알아냈다. 관계 당국은 그 메시지로 아벨을 체포할 수 있었다.

정말 아주 사소한 실수로 그 뛰어난 스파이가 가짜 동전을 사용하는 바람에 결국 체포되는 일련의 사건이 벌어졌다.

그 동전은 지미의 인생도 바꾸어 놓았다. 그는 아벨의 재판에서 증언해야 했다. 이 신문 배달원과 가짜 5센트짜리 동전의 이야기는 대중들을 매료시켰다. 한 부유한 시민은 지미에게 감사의 표시로 자동차 한 대를 선물했다. 1년 후 지미는 친구로부터 캐나다에서 역사상 가장 큰 유황 매장층이 발견되었다는 제보를 받았다. 이 청년은 그 자동차를 팔아 그 돈을 텍사스 걸프 유황이라는 회사에 투자했다. 이후 주가가 치솟았고, 열여덟 살 나이에 지미의 재정 상황은 엄청나게 달라졌다.

수년에 걸쳐 지미는 전자제품 제조업자가 되었고, 여러 자판기 회사를 인수했다. 뉴욕에 디스코와 나이트클럽, 햄프턴에 고급 레스토랑, 플로리다에서는 호텔, 리조트와 레스토랑을 소유했다.

현재 그 니켈 동전은 FBI가 소유하고 있다. 가끔 일반인에게도 공개되며, 언뜻 보기에는 여느 동전과 크게 다르게 보이지 않는다. 하지만 자세히 들여다보면 이 동전의 양쪽 면을 나눈 이음매가 보인다. 뒷면이 떨어져 나간 니켈 동전 앞면의 속이

빈 내부는 권력과 역사를 담고 있는 동전의 작은 일부다.

　단지 니켈 동전의 한쪽 면이지만 이 사건으로 한 사람은 교도소에 갔고, 또 다른 한 사람은 상상 이상의 부자가 되었다.

13
장

사소한 것들

# 변화

모두가 상황이 나아지기를 원한다.
하지만 아무도 상황이 바뀌기를 원하지는 않는다.

나는 수년 동안 조직으로부터 강연 요청을 받으면, 사전에 그 조직의 리더 중 한 명에게 간단한 질문을 하곤 했다. 조직 내 직원들이 직면한 가장 중요한 과제는 무엇인가?

그럴 때마다 압도적으로 많이 받았던 답변은 변화라는 개념에 대한 것이었다. 답은 같았지만 고민은 다양한 형태로 나타났다.

"우리는 여러 영역에서 변화를 다루고 있어요."

"이제 곧 몇 가지 변화를 시작하려고 합니다."

"우리는 큰 변화를 꾀하고 있어요."

"우리가 앞으로 나아가려면 몇 가지 상황이 바뀌어야 해요."

"우리는 이제 막 불편했던 변화의 시기에서 벗어나고 있습니다."

"새로운 규정으로 인해 몇 가지 변화를 고려해야 합니다."

"상황이 예전 같지 않아요."

"일부 영역에서 변화에 저항해 모두가 혼란에 빠졌어요."

"우리는 이러한 변화에 성공하기 위해 필요한 경영진(현장, 고객 또는 다른 사람)으로부터 동의를 얻지 못하고 있어요."

"뭔가 바뀌어야 합니다."

(이 주제에 대한 더 많은 답변이 있었지만, 위의 예시로도 충분히 아이디어를 얻었으리라 생각한다.)

리더는 내게 그들의 도전과제와 구체적인 내용을 알려준 뒤 변화를 주제로 한 강연을 통해 어떻게 하면 좋을지에 대한 내용을 구체적으로 다뤄달라고 요청했다. 그러고는 그들은 실제로 내게 뭐라고 말해주면 좋을지 다음과 같이 알려주었다!

나는 조직에게 (1) 모든 것은 변한다, (2) 변화를 막을 순 없으니 변화에 익숙해지는 것이 좋겠다, (3) 모두가 회사 추천 도서를 읽어야 한다고 말하라는 요청을 반복적으로 받았다. 그 책이 변화에 관해 말하는 가장 훌륭한 책이라고 덧붙이라는 지침도 자주 받았다.

한동안은 그 리더들이 요구한 대로 강의했다. 변화에 관한 내용을 전달하는 데 있어서는 그들의 '조직방침'을 따랐다. 하지만 얼마 지나지 않아 나는 내 입에서 나오는 말들이 불안해졌다. 그 말이 다른 누군가의 말이라서가 아니라(맙소사, 모두가 그렇게 말했다!) 내가 하는 말이 맞나 의심스러울 정도로 부정확해 보였기 때문이었다.

어느 날 갑자기 이상한 생각이 들었다. 내가 요청받은 그 말들이 이 사람들이 겪고 있는 어려움에 대한 진정한 해답이 아닐 수도 있겠다. 그들은 이미 내가 하려는 말을 들어왔을 것이다. 그들의 리더들은 이미 이러한 '진실'을 선포했다. 이제 나도 같은 말을 하라는 지시를 받고 있다. 이것이 정답이라면, 문제는 이미 오래전에 해결되었어야 한다.

하지만 여전히 문제는 해결되지 않았다. 내가 하는 일은 많은 기업, 조직, 팀, 기관의 리더들과 오랜 시간 토론할 수 있는 기회를 제공하는 것인데, 대화를 나눌 때마다 나는 변화의 문제가 변함없이 힘들고 혼란스럽다는 생각이 들었다.

★ ★ ★

잠시만이라도 광범위한 담론에서 벗어나 자기 자신과 조용히 상담해 보기를 바란다. 더 나은 결과를 얻어야 한다는 계속되는 의구심을 견뎌본 적이 있는가? 자신의 노력에서 놓치고 있는 것은 없는지 잠시 멈춰서 살펴본 적은 있는가?

당신은 명백하게 잘못된 점을 찾을 수 없었을 것이다. 그렇다면 어떻게 결론을 내렸는가? 단순히 생산성을 높이거나 원하는 돌파구를 찾기 위해서 더 열심히 일하면 된다고 판단했는가? 아니면 더 빨리? 아니면 더 오랜 시간 동안?

당신만 그런 것은 아니다. 사실, 당신을 포함한 대다수의 야심 찬 사람들이 똑같은 의구심, 똑같은 탐색, 똑같은 결론을 경험했다. 안타깝게도 그러한 결론 중 어느 것도 정답이 되지 못했다.

우리 중 많은 사람들이 그러하듯 어느 순간 한숨을 쉬며 항상 얻었던 결과에 만족하며 체념했을지도 모른다. 결국, 당신은 내 경쟁자보다 낫다고 합리화했다.

아니면 다른 많은 사람들처럼 결과에 환멸을 느끼고 노력 자체를 아예 포기했을 수도 있다.

어느 쪽이든 당신의 삶은 계속되었다. 해가 뜨고 지고, 몇 주가 지났다. 어쩌면 몇 달. 아니면 몇 년.

그러던 어느 날 상상할 수 없는 일이 벌어졌다. 일이나 삶에 있어 당신이 믿어왔던 것이 사실이 아니라는 것을 알게 된 것이다. 거짓말을 당했거나 잘못된 정보를 접한 것이다. 단순히 오해했을 수도 있다. 그러나 어떻게 된 일이든 당신이 알지 못했던 중요한 퍼즐 조각이 있었다. 그 퍼즐의 존재를 알지 못했기 때문에 방정식의 중요한 부분, 즉 전체 과정에 결정적이었던 한 부분을 고려할 수 없었을 것이다.

그 순간, 당신은 영원히 일을 한다 해도 원하는 결과를 얻지 못할 수도 있다는 냉혹한 깨달음을 경험했다. 믿었던 것이 사실이 아니었기 때문에.

다른 예시가 있다. 위대한 물리학자가 수학 역사상 가장 복잡한 문제 중 하나를 푸는 모습을 보기 위해 우리가 강당에 모였다고 가정해 보자. 시간이 지남에 따라 방정식은 무대 한쪽에서 다른 쪽까지 거대한 화이트보드에 펼쳐지며 확장되었다. 우리는 그의 재능과 명석한 두뇌에 경외감을 느끼며 숨을 죽였다. 우리가 지켜보는 동안 그는 그 문제를 풀려고 했다.

그러나 물리학자가 한 학생에게 방정식의 시작 부분을 미리 정리해 두도록 했다면 어땠을까? 청중의 시간을 절약하기 위해 더 간단한 부분은 미리 정리된 상태로, 그 위대한 물리학자가 시작 부분이 정리된 출발점에서부터 그 문제를 풀기 시작했다면 어땠을까?

자, 이제 처음으로 거슬러 올라가 그 물리학자의 학생이 $x$를 $y$로 잘못 썼다고 잠시 상상해 보자. 단순한 실수일 뿐이지만, 그 결과로 물리학자가 겪었을 좌절감은 엄청날 것이다. 그의 뛰어난 IQ와 전문 지식에도 불구하고 그는 그 문제를 성공적으로 풀지 못했을 것이다.

사실, 그 남자는 시간이 끝날 때까지 문제를 풀 수는 있겠지만 결과는 바뀌지 않을 것이다. 그 문제는 정확히 풀릴 수가 없다. 왜냐하면 물리학자가 진실이 아닌 것을 믿었기 때문이다.

★ ★ ★

변화의 개념이 수학 방정식만큼 복잡해 보이지는 않는다. 그렇지 않은가? 만약 변화의 개념이 복잡하지 않다면 왜 우리는 그토록 변화에 대해 끊임없이 혼란스러워하는 것일까? 변화는 왜 그렇게 우리를 힘들게 하는 것일까?

우선 한 가지 이유는 변화는 지속적이고 모든 것을 포괄하는 현실이라는 것이다. 변화는 우리가 살면서 매일 하는 모든 것의 일부다.

생각해 보라. 당신은 성장했다. 상황이 바뀌었다. 약혼을 했다. 상황이 바뀌었다. 결혼도 했다. 상황이 정말 바뀌었다. 결혼 생활에 문제가 생겼었는가? 그렇다면 분명 상황이 바뀌었다. 관계를 정상으로 되돌리고 싶었는가? 물론이지만 몇몇 상황이 바뀌어야 했다. 이렇게 계속해서 상황이 바뀐다.

전 세계의 다양한 언어와 방언을 통틀어 '변화'라는 단어만큼 우리 삶의 많은 부분에 영향을 미치며 근본적인 현실을 잘 나타내는 다른 용어나 표현은 없다. 이 지구상에 그 어떤 단어도 변화의 힘을 제대로 설명할 수 없다.

하지만 변화가 이처럼 우리 삶의 친숙한 부분이라면, 왜 우리는 그토록 끊임없이 변화에 혼란스러워하고 화를 내는 것일까? 변화는 왜 그렇게 우리를 힘들게 하는 것일까?

간단히 말해, 그 답은 우리가 변화에 대해 믿는 것과 관련이 있다.

신기하게도 세 가지의 믿음이 있다.

이 세 가지 기본 신념은 너무 자주 그리고 오랫동안 가르쳐지고 이야기되어 왔기 때문에 사실로 받아들여지고 의문이 제기되지도 않으며 이제 우리 사회의 의식의 일부가 되었다. 이러한 신념은 경제, 정부, 일, 그리고 인간관계에 영향을 미친다.

우리가 변화에 대해 믿는 이 세 가지 신념은 일상생활에 완전히 뿌리내리고 있어 우리가 직면하는 모든 결정에 중요한 역할을 한다.

수십 년에 걸쳐 우리는 점진적으로 이 세 가지 신념의 초석을 다져왔다. 우리는 이 세 가지 신념을 원칙으로 대하며, 그 신념들을 통해 우리가 어떻게 이끌고, 무엇을 기대하며, 그것이 언제 일어날 수 있는지를 결정한다. 이 신념들은 말 그대로 사회가 인간의 행동 측면에서 가능한 것과 불가능한 것으로 받아들이는 것을 결정한다.

우리는 지금까지 써진 모든 책과 진행된 강연, 받아 온 모든 교육과정, 그리고 이러한 신념을 논란의 여지가 없는 사실로 거의 보편적으로 받아들이고 있다. 이런 상황에서 이 세 가지 신념 중 하나라도 조금이라도 어긋나거나 완전히 틀린 것으로 드러난다면 우리가 겪게 될 좌절감을 상상할 수나 있을까?

글쎄다. 지금까지 써진 책과 진행된 강연들을 고려할 때, 받아 온 교육과정들과 이러한 신념을 논란의 여지가 없는 사실로 거의 보편적으로 받아들이는 상황에서 그 세 가지 신념이 모두 완전히 그리고 전적으로 틀릴 확률은 얼마나 될까?

그럴 일은 없다고 생각하는가? 계속 읽어 보자.

## 근거 없는 신념 1 : 변화에는 시간이 걸린다

이 신념에는 다양한 변형이 있다. '변화는 과정이다.' '변화는 느리게 진행된다.' 등등. 그러나 이 신념들은 모두 변화에는 시간이 걸린다는 핵심적인 오해를 중심으로 전개된다.

하지만 내가 생각하기론 아니다, 변화는 그렇지 않다.

변화는 순식간에 일어난다. 손가락 하나 까딱할 사이에. 눈 깜짝할 사이에. 물론 변화를 준비하는 데는 시간이 걸릴 수 있다. 변화를 결심하는 데에도 시간이 걸릴 수 있다. 하지만 진정한 변화는 즉시 일어난다.


## 근거 없는 신념 2 : 사람은 스스로 변화를 원해야 한다

우리는 수년 동안 이 말을 믿어 왔다. 너무나 합리적으로 보였기 때문에 그 진위를 생각해 본 적이 없다. 사실, 우리는 이 신념을 받아들이는 것에서 한 걸음 더 나아가 진정성 있고 지속적인 변화를 위해서는 종종 깊은 욕구가 필요하다고 주장한다.

하지만 우리 자신의 삶에서 일어난 사건들을 간단히 살펴보면 이것이 전혀 사실이 아니라는 것을 금방 알 수 있다. 사실, 당신과 내가 5분만 함께 시간을 보내면 우리가 원하지 않았는데도 지속적인 변화를 만들어냈던 많은 시간들을 설명할 수 있는 수많은 사례들을 얼마든지 생각해낼 수 있다.

인생에서 모든 것이 특정 방향으로 흘러가던 때를 생각해 보라. 인간관계와 직장생활은 안정적이고 평소대로 흘러가는 것처럼 보였다. 하지만 어느 순간 새로운 정보를 얻게 되었다. 그 새로운 정보는 적절한 정보였을 수도 있고 비극적인 정보였을 수도 있다. 하지만 바로 그 순간, 당신은 변화했고 다른 방향으로 나아갔으며, 결코 뒤돌아보지 않았다.

이 경우에는 변화에 대한 '원함'이나 깊은 욕구는 없었다. 그 순간까지만 해도 변화의 가능성이 코앞에 다가왔다는 사실조차 몰랐으니까! 그러나 진정성 있고 지속적인 변화가 이루어졌다. 그리고 그것은 순식간에 일어났다.

## 근거 없는 신념 3 : 사람은 바닥을 쳐야 변하려고 한다

'바닥'이라는 말을 몇 번이나 들어보았는가? 다음과 같은 식으로 말할 것이다.

당신이 원한다면 다시 도와줄 수는 있지만, 현실은 그가 바닥을 칠 때까지 변하지 않을 것이라는 점이다. 우리는 그가 바닥에 있다고 생각했다. 그도 자신이 바닥에 있다고 생각했을지 모르지만 분명 그는 그렇지 않았다. 사람은 정말 바닥에 떨어지기 전까지는 변화에 대한 깊은 욕구가 없다.

미안하지만 이것도 사실이 아니다. 듣기에 좋고 너무 보편적으로 알려져 있어서 그렇지, 사실상 진부한 표현이다. 입증할 수 있을 정도로 부정확하다.

분명 마약이나 알코올 문제로 재활원을 수없이 들락날락하다가 결국 가족들이 "더 이상은 못 해!"라고 말하며 병원비를 더는 대지 않겠다고 한 누군가를 알고 있을지도 모른다. 그러다가 어느 날 우연히 그 사람을 몇 년만에 마주쳤는데 놀랍게도 그는 행복하고 건강하며 성공한 것처럼 보였다. 축하와 질문에 대한 답변으로 그는 몇 년간 고군분투 끝에 어떻게 어떤 사람을 만나 대화를 나누었는지 또는 잡지 기사를 읽거나 텔레비전 프로그램을 보거나 교회에 갔었는지에 대해 이야기를 들려주었다. "바로 그날, 저는 집에 가서 모든 술을 싱크대에 쏟아버렸고, 그 이후로는 전혀 마시지 않았죠"라고 그는 고백했다.

또는 어쩌면 수십 년 동안 담배를 피워 왔지만 끊지 못하다가 어느 날 "몇 달 전에 동료와 대화를 나눴어요. 그날 오후에 저는 집에 가서 담배를 버렸습니다. 그날 이후로 담배를 한 대도 피우지 않았어요"라고 말한 한 사람을 알고 있을 수 있다.

그렇다면 어떻게 된 걸까? 바닥을 친 것도 아니고 변화에 대한 깊은 욕구가 있었던 사람도 아닌데 어떻게 그렇게 갑자기 극적으로 변할 수 있는 걸까? 해가 서쪽에서라도 뜬 걸까? 이러한 변화가 지속적이고 진정성 있게 이루어지려면 어떤 미지의 퍼즐 조각이 제자리에 있어야 할까?

단 두 가지다.

진정한 변화가 일어나기 위해 반드시 있어야 하는 두 가지 퍼즐 조각을 밝히기 전에, 내가 몇 년 동안 이 주장을 조용히 테스트해 왔다는 사실을 고백하겠다. 지난 18개월 동안 나는 강단에서 이를 가르쳤다. 이 두 조각이 주는 (명백하게) 한결같은 변화의 힘을 설명하면서 청중에게 다음과 같이 이야기한다.

지난 몇 년 동안 저는 진정한 변화가 일어날 때 항상 존재하는 것처럼 보이는 두 가지 특정 요소에 대해 집중적으로 조사했습니다. 저는 '항상'이라는 단어가 강력한 단어라는 것을 알고 있습니다. 하지만 개인, 소그룹, 조직, 기업, 팀을 지방, 지역, 전국 단위로 연구한 결과, 이 두 가지 요소가 존재하지 않는 진정한 변화의 사례는 단 한 건도 찾아볼 수 없었습니다.

기업 임원, 학부모, 코치, 목사, 부부, 정치인, 영업 직원과 학생 등 다양한 청중들에게 이렇게 과제를 낸다.

이 두 가지 요소를 포함하지 않은 진정성 있고 지속적인 변화의 사례를 단 한 가지라도 찾을 수 있다면, 저는 그 이야기를 듣고 싶습니다.

이 글을 쓰고 있는 지금까지도 나나 다른 누구도 그런 사례를 찾지 못했다. 분명히 이 두 가지 요소의 조합이 진정한 변화를 가져온다는 것은 예외가 없다. 그 기록은 계속 완벽하기 때문이다.

## 변화 요소 1 : 내게 무슨 이득이 되는가?

이 요소는 탐욕이나 이기심의 표현이 아니다. 모든 인간에게 존재하는 자기보존을 위한 정상적인 욕망의 산물일 뿐이다. 말로 표현하든 그렇지 않든, 사람이 변화하라는 격려, 자극, 명령식의 요청을 받으면 다음과 같은 사고 과정이 촉발된다.

음, 나는 이런 식으로 해왔고, 당신은 내가 그런 식으로 하기를 원한다는 것을 알고 있다. 하지만, 그렇게 하면 나에게 어떤 영향을 미치지?

개인적인 생각에 대해 정말 솔직하다면, 가끔은 다음과 같은 생각이 계속된다는 사실을 인정해야 할 것이다.

내가 가장 자주 생각하는 대상은 바로 나 자신이다. 어쩔 수 없다. 어떻게 들릴지 알기 때문에 말하지는 않겠지만 나 혼자서 많이 생각한다. 나보다 가족을 더 사랑하지만, 가족의 생계를 위해서 일을 하는 사람은 나 자신이기 때문에 나에 대해 생각해야 한다. 내가 직접 계획하고 준비해야 하는데, 나를 생각하지 않고 어떻게 그렇게 할 수 있을까? 승무원은 위기의 순간에 승객, 심지어 어린아이보다도 자신이 먼저 산소마스크를 얼굴에 쓰라고 한다. 그렇다면 이 말은 그건 나부터 먼저 생각하라는 뜻 아닌가?

이런 식의 생각을 인정하는 것은 어려운 일이다. 당신과 나는 겸손을 매우 중요하게 생각하기 때문에 이러한 무의식적인 사고 과정을 발견하는 것이 심상치 않을 수 있다. 그러나 '나'를 생각한다는 것은 우리가 사랑하는 사람들과 우리가 책임져야 할 사람이나 사물을 포함하는 것이다. 이렇게 이해하는 것이 도움이 될 것이다. 따라서 '내게 무슨 이득이 되는가?'는 '회사, 가족, 팀, 이웃, 국가에 무슨 이득이 되는가'라는 의미기도 하다.

이러한 맥락에서 '나'를 고려한 것은 잘못된 것이 아니다. 이 요소를 다루지 않으면 어떤 분야에서도 진정성 있고 지속적인 변화를 기대할 수 없다는 것이 진실이다.

우리 대부분이 어떤 식으로든 경험한 바로는 부모가 10대 자녀의 행동을 바꾸고자 하는 경우가 대표적인 예다.

첫째, 부모가 아이의 어떤 종류의 변화를 바라는지 파악하는 것이 중요하다. 부모가 바라는 것이 특정 기간 동안만 변화하는 것이라면 처벌과 위협이 효과적일 수 있다. 자녀가 집에 있는 동안 특정한 방식으로 말하지 않거나 이상한 옷을 입지 않고 부모를 존중하기를 원한다면 그렇게 할 수 있다. 끊임없이 싸우면 된다. 안타까운 일이지만, 비교적 쉽게 성공할 수 있다. 자녀가 집에 있다면 아마 원하는 것은 무엇이든 하게 할 수 있을 것이다. 어쨌든, 부모는 10대 자녀보다 덩치도 크고 돈도 많으니까.

그러나 진정으로 지속적인 변화를 원한다면, 존중을 요구한다거나 외출 금지로 협박을 한다거나 '네가 내 집에 있는 한…'으로 시작하는 연설을 해서는 그러한 변화가 일어나지 않을 것이다. 부모가 추구하는 것이 진정성 있고 지속적인 변화라면, 10대가 항상 집에 있지는 않을 거라는 점을 기억해야 한다.

"나한테 그런 식으로 말하지 마"라든지 "나는 네 부모고, 너는 나를 존중해야 해"라는 문장을 생각해 보자. 두 말 모두 단기적으로는 어느 정도 강제력이 있지만, 부모가 바라는 것이 진정성 있고 지속적인 변화라면, 모두 10대에게 이득이 되는 그 '어떤 것'도 포함하지 않고 있다는 점에 유의해야 한다.

그렇다면 궁금할 것이다. 부모가 10대 자녀가 올바른 말투를 쓰고, 자신들이 바라는 옷차림을 하길 바란다면, 그것이 그 자녀에게 무슨 이득이 될 수 있을까? 나머지 퍼즐을 밝힌 뒤에 그 질문에 답을 명확히 하겠다.

## 변화 요소 2 : 합리적 의심의 여지가 없는 증거

증거는 변화의 필수 요소다. 생각하는 사람에게 사실로 입증된 것은 반론의 여지가 없다는 단순한 이유 때문이다. 한 가지를 믿고 있다가 그 반대가 사실로 입증되면 믿었던 것을 즉시 바꾸게 된다. 영원히.

이전에 믿었던 것으로 돌아가고 싶은 유혹을 느끼는가? 이랬다저랬다 하며 흔들리는가? 당연히 아니다! 증거가 생겼으니까.

의견이 아니다. 선택할 수 있는 몇 가지 올바른 선택 사항이 아니다. 증거다. 그리고 그 증거는 당신이 지금 알고 있는 것을 사실로 굳혀주었다. 또한 이전에 믿었던 것이 틀렸다는 것을 확실하게 보여주었다.

증거는 불확실성을 능가한다. 증거가 우선한다. 우리는 동기에 대해 의문을 제기할 수 있다. 종종 결론에 의문을 제기하기도 한다. 방법과 시기에 의문을 제기하기도 한다. 하지만 증거에는 의문을 제기하지 않는다.

큰 변화에 직면하고 새로운 방향을 모색할 때, 그 여정은 종종 완전히 오르막길처럼 보인다. 증거가 없으면 의심이란 적에게 사로잡혀 시작도 하기 전에 패배하는 경우가 많다. 오직 증거만이 빛나는 갑옷을 입고 흰색 종마에 올라 타 비탈길 꼭대기에서 우리에게 위로 전진하라고 손짓하며 부르는 기사로 인정될 것이다. 두려움을 뚫고 의심을 넘어 정상에 오를 때 우리는 사명에 대한 불확실성이나 진로에 대한 불안에 시달릴 필요가 없다. 거기에 바로 우리 눈앞에 증거가 있기 때문이다.

변화의 요소로 요구되는 이 증거는 수학적 증명의 기준을 충족할 필요가 없다는 것이 중요한 유의사항이다. 이는 합리적 의심의 여지가 없는 증거라는 것을 기억하자. 또는 설득력 있는 강력한 증거란 것도.

합리적 의심의 여지가 없는 증거가 제공되고 인정되면 때때로 당황하게 된다. 눈썹이 올라가고 입이 떡 벌어진다. 합리적 의심의 여지가 없는 증거를 마주하면 사람들은 다음과 같이 생각하거나 심지어 입 밖으로 내뱉기도 한다.

"완전히 이해가 되네요."

"그런 생각은 해본 적이 없어요."

"한 번도 내가 그런 생각을 해본 적이 없다는 것이 믿기지 않지만, 사실이에요."

"세상에, 다시는 이에 대해 다른 어떤 식으로도 생각하지 않겠어요."

"이제 일부 다른 것들을 다시 생각해 봐야겠어요."

진정성 있고 지속적인 방식으로 10대의 행동을 변화시키는 예를 계속해서 살펴보자. 부모의 훈계에 눈을 부라리며 큰 소리로 한숨을 쉬고 "알아, 알아, 안다고!"라고 말하며 반응하는 10대를 잠시 생각해 보라. 앞서 말한 것처럼, 부모는 존중을 요구하고 소리를 지르며 협박할 수도 있지만, 이러한 방법 중 어느 것도 장기적으로는 효과적이지 않을 것이다. 왜냐하면 10대들에게 어떤 이득도 제공하지 못하기 때문이다.

마찬가지로, "내 집에 있는 한"이란 말이 문제와 다툼을 일으킬 것이 불 보듯 뻔하다는 점을 고려하지 않는 한, 부모의 반응에도 역시 눈곱만치의 증거가 없다. 10대가 다른 방법을 선택하도록 설득할 만한 게 아무것도 없고, 다른 접근 방식이 왜 더 나은 지 보여줄 만한 것도 전혀 없다. 증거가 없다. 그저 힘겨루기일 뿐이며, 자녀는 부모가 이길 거라는 것을 알고 있다. 그러고 나서 관계가 더 깊어졌나? 부모의 요구로 자녀가 부모를 새로이 존중하게 되었나? 아니면 집을 나가 독립할 때까지는 참겠다는 10대의 결심이 더 커졌나? 최종 질문은 이것이다. 설령 10대 자녀가 부모 앞에서 다시는 눈을 부라리지 않는다고 해도, 진정성 있고 지속적인 변화가 실제로 일어났다고 볼 수 있을까?

방금 설명한 것과 같은 사건이 발생한 후 한 아버지가 열네 살 아들에게 했던 실제 설명에 대해 생각해 보자.

"있잖니, 내 말을 듣는 게 지겨울 거란 거 알아. 나도 가끔 내 말을 듣는 게 지겨울 때가 있거든. 그러니 3분만 들어주겠니? 더 이상은 말하지 않으마. 당분간은.

좋아, 이야기할게. 지난주에 네가 열여덟 살이 되면 사고 싶은 자동차, 하고 싶은 일에 대해 너와 나눴던 대화를 생각해 봤단다. 그때 넌 스물다섯 살이 되면 어떤 삶을 살고 싶은지도 말했었지. 정말 인상적이었어. 아빠는 네가 말한 모든 것을 네가 이룰 수 있으면 좋겠어. 나도 정말 돕고 싶어. 가끔은 네가 스스로 원하는 것보다 더 멋진 삶을 살았으면 좋겠다고도 생각하지. 하지만 분명한 건 아빠가 널 위해 그런 삶을 만들어줄 수는 없다는 거야. 또 그러한 삶을 이루게 해줄 일들을 네게 강요할 수 없다는 것도 알고 있지.

지금은 아빠가 너한테 이런 식으로 옷을 입어라, 저런 식으로 말하라고 시킬 수 있어. 당장은 내가 너보다 덩치도 크고 돈도 많으니까! 그런데 아빠는 똑똑한 사람이야. 적어도 네가 나와 떨어져 있을 때나 완전히 혼자 독립할 수 있을 만큼 나이가 들었을 때 어쨌든 네가 하고 싶은 일은 뭐든지 할 거라는 것 정도는 알고 있으니까.

그래서 아무리 아빠가 널 위해 최선을 다한다 해도 그렇게 해줄 수가 없어. 네가 그렇게 해야 해. 그렇지만 아빠는 널 너무 사랑하는데 어떻게 도와줄 수 있을까? 하고 혼자 계속 묻고 또 물어. 과거에 내가 너한테 행동이라든지 말투, 옷차림에 대해 했던 모든 잔소리들, 그런 문제들로 인해 단기적으로는 스트레스를 받을 수도 있겠지만, 아빠가 정말 원하는 건 네 엄마와 내가 왜 널 특정한 방향으로 이끌려고 애쓰는지 설명할 수 있는 거란다.

물론 우리의 기준 때문에 네가 특정한 방식으로 행동하기를 바란다고 생각했을 수도 있어. 그리고 너의 기준이 우리의 기준과 다르기 때문에 장기적으로는 그런 것들이 별로 중요하지 않다고 생각할 수도 있겠지. 다시 말하지만, 아빠는 똑똑한 사람이야. 적어도 네가 어차피

너만의 기준을 선택할 거라는 것을 알 만큼은 말이야. 그러니 그 어떤 것도 우리의 감정이나 통제력, 권위 등과는 관계가 없단다. 모두 너에 대한 것이지. 네가 원하는 삶대로 정확히 살 수 있도록 돕는 것이 다야. 아빠는 네가 바라는 모든 것을 네가 이루길 바란단다.

내 말이 무슨 뜻인지 알겠니? 확실히 엄마나 나한테 또는 다른 어른에게 네가 눈을 부라리며 "알아, 알아, 안다고"라는 식으로 말해서는 안 된다고 생각해. 그 이유는 말이야, 그런 행동과 말이 엄청나게 무례해 보이고, 무례하게 들리기 때문이야. 하지만 넌 무례한 사람이 아니잖니. 그러니까 나는 네가 다른 어른들이 네가 그런 식으로 행동하는 것을 듣거나 보는 것을 원하지 않을 거라 생각해. 자, 들어봐. 네가 그런 행동을 하는 것을 보거나 듣거나, 심지어 다른 사람에게서 그런 이야기를 들었을 뿐인데도 그들은 네가 무례한 사람이라고 결론 내릴 수 있어.

그들은 네가 무례한 사람이라고 생각해서 널 채용하지 않을 거야. 그들에게도 그들의 지인에게도 채용되지 않는 거지. 그들이 널 무례한 사람이라고 생각하면 기회도 주어지지 않을 거야. 거기서부터 그런 식으로 계속 반복되는 거지. 네가 사업을 한다면 어떨까? 잠재 고객은 너나 너의 사업을 고려조차 하지 않을 테고, 필요한 추천서도 받지 못해. 초대받지 못하고, 그들의 딸과 데이트할 수도 없고, 선택받지 못하는 거지. (심호흡) 계속해도 되겠니?

어쨌든 무례하다고 인식되는 사람들은 할 기회도, 될 기회도 갖지 못해. 절대. 더 큰 문제는 자신이 왜 선택되지 않았는지, 왜 포함되지 않았는지조차 모른다는 거야.

좋아. 이제 끝났어. 지금은 이 말에 대답할 필요는 없단다. 앞으로도 그렇고. 그냥 당장. 그리고 어른이 되어서 인생에서 진정으로 원하는 것이 무엇인지 생각해 보렴. 어쩌면 그게 도움이 될 거야."

아버지의 설명이 끝나고 약 한 시간 뒤 그와 그의 아내는 10대 자녀로부터 진심 어린 사과를 받았다. 그 소년은 사과와 함께 감사의 마음도 함께 전했다. 부모님이 보여준 인내심에 대해 감사를 표했고, 자신의 새로운 이해 수준에 놀라움도 표했다. 그리고 아버지에게 "제가 바보처럼 굴어도 혼내지 않으셔서 감사합니다"라고 덧붙였다.

그 일이 있고 나서 몇 년이 지났다. 그 소년의 부모에 따르면 그 후로 아들이 무례하게 행동한 사건은 한 번도 없었다고 한다. 단 한 번도.

아무튼 열네 살의 나이에 그 소년은 진정성 있고 지속적인 변화를 경험했다. 그 변화는 '시간이 걸리지 않았다.' 그 소년이 갈망하던 변화도 아니었다. 그는 변화에 대한 깊은 욕구가 없었다. 아버지가 중대한 변화를 시작한 계기였던 가족 간 불화가 있었던 때도 있었지만, 이 이야기에서 설명된 어떤 원칙도 '바닥'에 가까웠던 것은 없었다고 충분히 말할 수 있다.

그래서 무슨 일이 일어났던 걸까? 첫째, 아버지가 막연한 추측으로 말하지 않았다는 점이 중요하다. 그는 행동의 변화가 필요하다는 것을 알았고, 자신감을 가지고 변화를 추구했다. 그는 10대 자녀와 일찍이 대화를 나눈 덕분에 아들의 희망, 꿈, 욕구를 잘 알고 있었다. 그는 아들이 열여덟 살이 되었을 때 어떤 종류의 자동차를 사고 싶어 하는지 알고 있었다. 그는 아들이 스물다섯 살이 되면, 어디에서 어떤 방식으로 살고 싶은지도 알고 있었다.

이러한 지식을 바탕으로 아버지가 인생의 기회를 부여하거나 보류하는 것이 사람의 행동 방식과 얼마나 밀접하게 연관되어 있는지를 보여주는 것은 꽤 간단한 일이었다. 성취를 바라는 사람에게 기회의 명백한 필요성을 지적함으로써 그는 변화에 필요한 첫 번째 요소를 빠르게 다루었다.

즉, 아버지는 아들이 행동을 바꾸면 어떤 이득을 얻을 수 있는지 그에게 이야기했다. 변화에 필요한 두 번째 요소인 합리적 의심의 여지가 없는 증거는 영향력 있는 사람들이 무례한 행동에 어떻게 반응하는지를 설명함으로써 충족되었다. 그 10대 아들은 완전히 이해했다. 그는 아버지의 설명에서 진실,

즉 증거를 바로 알아보았다. 잠시 동안 아들은 자신이 누군가에게 기회를 줄 수 있는 위치에 있는 영향력 있는 사람이라고 상상했다. 그는 심술궂고 참을성이 없는 무례한 10대에게 그 기회를 주었을까? 아니, 주지 않았을 것이다. 아들은 의심은커녕 아버지의 말이 옳다는 것을 알았다.

그 순간, 기존에 그에게 이득이 되었던 것이 합리적 의심의 여지가 없는 증거와 충돌했다. 그리고 그가 경험한 변화는 즉각적이고 지속적이었다.

★ ★ ★

변화는 인생에서 항상 도전이 될 것이다. 변화에 저항하는 것은 인간의 본능이다. 하지만 변화의 요소와 근거 없는 신념을 이해한다면 자신감 있게 창의적으로 심지어 기쁘게 변화에 대응할 수 있다. 다른 사람들이 긍정적으로 대응하도록 도울 수도 있다. 당신의 허락과 당신이 정한 시간표에 따라 변화를 시작할 수 있다. 변화를 정확하게 탐색할 수 있고, 지휘할 수도 있다.

한 기업 구매자가 항상 특정 공급업체로부터 작은 장치를 구매하는데, 당신은 그 구매자가 당신에게서 위젯을 구매하도록 하고 싶다고 가정해 보자. 즉, 해당 기업 구매자가 변경을 하도록 해야 한다. 그래서 미팅을 주선하고 여러 가지 방법으로 할 수 있는 사례를 명확히 제시할 준비를 한다. 구매자와 구매 회사에 어떤 이득이 있는지 제시하고 합리적 의심의 여지없이 이를 증명할 수 있다면 구매자가 공급업체를 바꿀 가능성이 높다. 그 변화의 주체는 바로 당신이 될 것이다.

동네 규칙을 바꾸어야 한다면 세상의 어떤 논쟁도 소용이 없을 것이다. 그러나 이웃에게 무슨 이득이 있는지 보여주고 그에 대해 합리적 의심의 여지가 없는 증거를 제시할 수 있다면 규칙은 바뀔 것이다.

어떤 형태든, 어떤 개인이든 그룹이든 그 원칙은 유효하다. 그들에게 이익이 되는 것이 진실과 현실에 부합할 때, 변화는 피할 수 없는 결과다.

변화는 정말 사소한 것이다. 그러나 사소한 것들 중 변화보다 더 큰 파급력을 가진 것은 단 하나도 없다. 변화는 우리의 적이 아니다. 혼란스러워 하거나 당황할 필요가 없다. 제대로 이해하면 변화는 평화와 화합의 매개체가 될 수 있다.

"어떻게요?"라고 당신이 물어볼 수도 있을 것이다.

당신이 시작한 변화가 사려 깊거나 합리적인 책임감 있는 변화라면, 당신이 변화를 요청하는 사람이나 조직에게 실제로 도움이 될 것이다. 그리고 증거가 실제로 존재한다면, 즉 증거가 진실이라는 것을 안다면 논쟁이 길어질 필요가 없다.

당신과 내가 가치와 진실을 바탕으로 변화를 시작하는 법을 배운다면 가족, 기업, 그리고 사회 전반에 걸쳐 모든 것이 변화하는 것을 보게 될 것이다.

이것이 바로 당신과 내가 세상을 바꿀 수 있는 방법이다.

사
소
한

것
들

# 최고가 되는 것

선은 언제나 최선의 적이다.

만약 선택할 수 있다면, 어떤 삶을 살고 싶은가? 어디서, 어떻게, 누구와 함께 살고 싶은가? 다른 사람들을 위한 가치를 창출하기 위해 무엇을 하겠는가? 누구의 멘토가 되고 싶은가? 누가 당신을 멘토링해줄 것이라 생각하는가? 무엇을 발견하거나 배울 것인가? 당신의 이해가 나머지 우리에게 어떤 변화를 가져올 것이라 생각하는가? 자녀와 손주에게 무엇을 남기고 싶은가? 묘비명에 무엇이라 새기고 싶은가?

　이런 질문들을 받아 본 적이 있는가? 물론, 나는 그런 적이 있다. 강연, 책, 교실에서 우리 대부분은 이러한 질문이나 이와 비슷한 다른 질문들을 들어보곤 한다. 우리 대부분은 심지어 이 질문에 대답도 했다. 하지만 우리가 한 그 질문이나 대답에 대해 다시 진지하게 생각해 본 적이 거의 없다.

이 장의 첫 문장을 다시 읽어 보라. 함정이 보이는가? 왜 그렇게 우리 중 많은 사람들이 그 질문에 무관심하고 대답, 즉 우리 자신이 했던 답을 완전히 묵살하는지 알겠는가? 모르겠다면 다시 보라. 처음 '만약 선택할 수 있다면'을 읽어 보라. 바로 거기에 위험이 있다.

우리가 어렸을 때 했던 간단한 "만약 ~한다면" 놀이처럼 무해하고 재미있어 보인다. 하지만 우리는 어린아이가 아니며 그 표현은 무해하지 않다. 순진할 수도 있지만 무해하지는 않다.

사악하고, 기만적이며, 파괴적이라고 생각해 봐라. 왜냐고? 그 문구는 어렸을 때부터 인생 자체가 주사위를 굴리는 것처럼 그저 운과 우연에 불과하다고 당신에게 반복적으로 암시하는 방식으로 사용되어 왔기 때문이다. 우리 대부분과 마찬가지로 당신도 그 문제에 대해 딱히 할 말이 없다고 아무렇지 않게 확신하고, 그리고 서서히 믿도록 길들여졌다.

이제 이해가 되는가? 이 장의 처음 네 음절은 역사상 병적으로 자기중심적인 사람이나 폭군들이 국민 전체를 정신적,

육체적으로 노예로 만드는 데 사용했던 말이다. 그 음절들이 족쇄와 사슬보다도 더 강력한 믿음을 강요하기 때문이다.

잘 알려지지 않았지만 가슴 아픈 사실이자 원칙은 바로 사람은 스스로 인식하거나 받아들이는 능력이나 수준보다 더 나은 성과를 낼 수 없다. 다시 말하면, 사람은 자신 스스로 인식하는 한계가 성과나 업적의 한계를 정한다.

이 원칙은 사람이 진정으로 믿는 것이 너무 강력해서 그 믿음이 실제로 자신의 행동을 통제한다는 것이다.

사실, 어떤 한 사람이 달성할 수 있는 수준을 정확하게 예측하려면 그 사람이 믿는 것에 대한 진실을 발견하기만 하면 된다(참고로 이 원칙은 그 사람이 믿는 것이 실제로 진실인지 여부와는 아무런 관련이 없다. 단순히 그 사람의 한계와 마음속 깊은 곳에서 진정으로 믿는 것 사이의 연관성에 관한 것이다).

덧붙이자면 이것이 많은 사람들이 자신이 세운 목표를 달성하지 못하는 이유다. 새해 첫날의 부푼 희망과 흥분 또는 직장에서 의무적으로 목표를 설정하는 과정을 거친 뒤에도 그들은 종이에 적거나 친구들에게 공개적으로 선포해 놓은 그 목표를 실제로 자신들이 달성할 수 있을 것이라고 믿지 않는다. 그러므로 목표가 무엇이든 상관없다. 그들은 몇 장에 걸쳐 목표를 적거나 포스터에 화려한 글귀를 붙이거나 화장실 거울에 메모지를 붙이고 휴대전화에 새해다짐을 적을 수도 있다. 하지만 마음속 깊은 곳에서 자신이 정한 목표가 달성될 수 있다고 실제로 믿지 않는다면, 결코 그 목표는 달성되지 않을 것이다.

---

**샛길로 빠짐 주의! 같은 주제를 다른 방식으로 설명하기**

제대로 이해하려면, 이 샛길로 합류해 보십시오.

아니면 다음 단락들을 조용히 건너뛰고 주요 경로를 따라 계속 읽어나가길 바랍니다.

---

몇 년 동안 나는 운 좋게 미국 국방부 직원들을 지원하는 역할을 맡게 되었다. 나는 그 덕에 F-16 전투기, B-1 및 B-2 폭격기, 페이브 로우Pave Lows 및 페이브 호크Pave Hawks 헬기, 개량 C-130 무장 항공기인 스푸키Spooky와 스펙터Spectre 등을 비행해 봤다. 물론 총도 쏴 봤다.

나는 특수 작전 대테러 과정을 두 번이나 성공적으로 마쳤다. 한밤중에 다른 3성 및 4성 장군들의 전화를 받고 두 번 이상 잠에서 깬 적이 있다. 그들은 작전 수행 행동의 이해나 변경할 수 있는 방법론을 요청했다. 한 번은 추수감사절을 해외

야전병원에서 부상병들과 함께 보낸 적도 있다. 미 특수작전사령부 및 정보기관 내 지휘관 및 일부 특수요원들과의 즐거운 관계는 특히 보람을 느꼈다. 그리고 매우 흥미진진하기도 했다.

일반적으로 이러한 분야에 종사하는 사람들은 당신이나 나나 똑같다. 일반적으로는 그렇다. 명백한 차이가 있다면 등급이나 강도의 차이가 있을 뿐이다.

예를 들어, 당신과 나는 일정 수준의 자제력을 발휘하는데, 그들 대부분은 일정 수준 이상으로 발휘한다. 다시 말하지만, 일반적으로 말하자면 그렇다는 얘기다.

당신과 나도 겸손을 중요하게 여기긴 하지만, 그들은 평생 비밀에 부칠 정도로 겸손을 실천한다.

당신과 나도 강력한 직업윤리를 고수하는데, 그들의 직업윤리는 너무나 대단해서 우리와 같은 인간들이 분류할 수 없을 정도다.

당신과 나도 친구에게 의리를 지키지만, 그들은 친구뿐만 아니라 친구의 친구, 즉 얼굴도 모르는 사람에게도 의리를 지킨다. 때로는 죽음을 통해 그 의리를 증명하기도 한다.

하지만 내가 확인한 가장 큰 차이점은 바로 당신과 나는 (희망적으로) 새로운 아이디어에 열려 있지만, 특수요원들은 완전히 다른 차원의 새로운 아이디어에 열려 있다. 정보기관을 포함한 특수요원들은 보물 사냥꾼이 솔로몬 왕의 금을 캐는 것처럼 열정적으로 새로운 사고방식을 적극적으로 추구한다.

아, 그리고 그들은 스포츠를 좋아하는 것처럼 보인다. 나는 다양한 스포츠 종목의 감독, 매니저, 단장, 주장과 함께 일해 왔기 때문에 고객과 친구들에게 할 이야기가 많다. 내 아내는 그 이야기들의 구체적인 수가 "아주 많다"라고 말하곤 한다. 어쨌든 그 이야기들은 재미있고 대부분 한 가지 이상의 교훈을 준다.

어느 날 저녁, 안전한 장소에서 하루 임무를 끝냈다. 나는 여러 장교와 보좌관들과 함께 있었다. 저녁 식사가 끝나고 긴장을 풀면서 우리는 서로 이야기를 나누며 즐겁게 시간을 보냈다. 어느새 이야기는 사람들을 이끌어 개인이나 팀이 자신의 능력 수준을 뛰어넘는 성과를 낼 수 있도록 돕는다는 주제로 전개되기 시작했다.

저녁 시간 동안 나는 대학 미식축구팀에서 겪었던 몇 가지 경험, 메이저리그 야구에서 겪었던 경험, 프로 골프에서 겪었던 몇 가지 경험에 대해 이야기했다. 각각의 이야기는 성과에 관한 정신적인 측면을 중심으로 진행되었고, 곧 우리의 대화는 믿음이라는 주제로 바뀌었다.

이야기를 나누던 중 누군가가 믿음은 매우 강력한 힘이기 때문에 무기로도 사용될 수 있다고 말했다. 무기화될 수 있다는 그 말 한마디에 그 방 안에 있던 8~10명의 사람들이 모두 정신을 바짝 차리고 그 가능성을 규명하기 시작했다.

나는 루이스와 클라크 탐험대의 이야기와 그들이 지란도니 공기소총으로 이룬 업적에 대해 이야기했다(9장을 참조하라). 나는 루이스의 전술을 '믿음 강요'라고 명명했는데, 인디언들이 공기소총에 대해 갖고 있던 믿음에 의도적으로 영향을 미쳤기 때문이다. 그런 다음 한 시간 이상 믿음이라는 이 '무기'가 어떻게 작동할지를 가설적으로 탐색하고 구체화해 설명하기 시작했다.

이 전문가들은 기회가 우리 앞에 있다는 것을 매우 잘 알고 있었다. 말 그대로 생사의 갈림길에 놓인 상황에서는 아주 작은 전술적 우위라 해도 전세를 뒤집을 수 있다. 이러한 우위는 사상자를 줄이고 비밀 정보요원이나 지상 특수작전 팀의 안전과 신뢰도를 높이는 데 있어 신형 무기나 신기술과 같은 수준으로 작용할 수 있다.

그래서 그 방 안에 있던 모든 사람은 이 토론을 하는 동안 우리 앞에 놓인 기회, 그러니까 우리가 이미 진실이라고 알고 있는 것의 강력한 경계를 허물도록 격려해줄 기회가 있다는 것을 감지하고는 강철 같은 눈빛을 발사하며 정신을 바짝 차렸다.

어느 순간, 나는 믿음 강요를 전투 전략으로 활용할 가능성을 충분히 생각하며 천천히 말했다. "좋습니다. 사람들이 믿는 것이 그들의 행동을 결정합니다. 맞습니까? 이는 사실입니다. 그러나 생각해 봐야 할 점이 있습니다. 사람들이 믿는 것이 진실이든 아니든 간에 그저 그들이 믿는 것이 그들의 행동을 결정한다는 것입니다."

나는 우리 모두가 이상하지만 정확한 그 생각을 머릿속에 정리할 시간을 주려고 잠시 멈췄다. "따라서 적이 이전에 결코 생각해 본 적이 없는 방식으로 행동하게 만들려면, 그들의 신념 체계를 공격해야 합니다. 이렇게 생각해 보죠. 예를 들어, 적으로 하여금 다른 장소로 이동하거나 특정 방식으로 행동하게 하려면, 이전에는 전혀 생각하지 못했던 것을 믿게 만들어야 합니다. 또는 적이 항상 사실로 알고 있던 것이 더 이상 유효하지 않다고 설득해야 합니다. 적에게 특정한 믿음을 강요하기 위해 적이 진실로 알고 있는 것을 바꾸거나 변화시킬 수 있는 방법을 찾을 수 있다면, 적의 행동에 영향을 미치고 행동을 유도하는 것은 비교적 간단한 일이 될 겁니다."

당시 방 안에 모여 있던 사람들 사이에는 특정 방탄복의 취

약성에 대한 우려가 있었다. 나는 그들에게 그 문제를 상기시키면서 "자, 적들이 그 특정 위치를 목표로 삼는다는 증거를 이미 보셨죠?"라고 말했다. 그들은 마지못해 고개를 끄덕였다. 내가 계속 말을 이었다. "그럼 이렇게 생각해 보죠. 만약 적들이 우리가 〈스타워즈〉 또는 〈스타트렉〉에 나오는 것과 같은 가상의 첨단 보호 장비를 갖추고 있다고 믿는다면 어떻게 될까요?" 나는 눈썹을 치켜올렸다. "적이 그걸 완전히 믿는다면 우리 대원들을 쏘려고 시도조차 하지 않을 겁니다. 우리의 설득 과정을 통해 적이 내린 결론은 진실이 아닐지라도, 그들은 여전히 자신들이 내린 결론에 따라 행동을 결정하게 될 테니까요!"

모두가 생각에 잠긴 채 미소를 지었고, 몇 분 동안 우리는 적의 행동을 유도하고 예측하는 데 실제로 적용될 수 있는 몇 가지 믿음에 대해 논의했다.

내가 믿음 강요라는 개념을 여러 대학 및 프로 스포츠 상황에 적용했다는 사실에 관심이 있을 것이다. 그 결과는 정확히 상상하는 그대로였다. 경기장 또는 교육과정 같은 경쟁의 장도 인생의 다른 분야와 마찬가지로 이러한 전술에 취약하다. 거의 모든 종류의 노력에서 절대적인 믿음은 행동을 절대적으로 통제한다. 사실, 이 주제는 너무 많이 다양하게 변형되어서 성공 사례만 쓰더라도 책 한 권은 쓸 수 있을 정도다. 그래서 어떤 사례나 이름을 거론하기보다는 믿음 강요가 작동하는 방식에 대해 설명할 것이다.

미국대학스포츠협회NCAA나 미국프로미식축구리그NFL 등의 미식축구 경기를 관람해 본 적이 있다면 원정팀의 공격이 시작될 때 홈 관중이 '크게 소리 쳐'라고 다그치는 이유를 이미 알고 있을 것이다. 특히 세 번째 다운down, 즉 공격 기회 때는 더욱 그렇다. 쿼터백(미식축구 포지션 중 하나. 공격팀 리더로서 경기에서 볼을 소유하게 되며 전술을 지시하고 경기 도중 결정을 내리는 책임을 진다.-옮긴이주)이 스냅카운트(쿼터백이 센터가 공을 스냅(손 또는 다리 사이로 던지는 동작)해야 하는 시점을 알리기 위해 사용하는 일련의 신호 또는 소리. 센터가 공을 쿼터백에게 넘겨주면서 경기가 시작된다.-옮긴이주)를 외치면 같은 팀 라인맨(공격팀 최전방에서 수비수를 막는 포지션. 오펜시브 라인맨으로 다섯 명이며 가운데 선수가 센터다. 쿼터백을 보호하고 달리는 선수의 길을 열어주는 역할을 한다.-옮긴이주)이 반드시 들어야 한다. 만약 라인맨이 그 소리를 듣지 못하거나 자신이 들은 목소리가 같은 팀 쿼터백의 소리인지 아닌지 확신하지 못하면(관중이 시끄러울 때 쉽게 발생할 수 있는 상황들이다), 실수가 발생할 가능성이 높아진다. 그리고 이러한 실수는 값비싼 벌칙을 받거나 상대 팀 수

비수를 제대로 막지 못해 쿼터백이 태클을 당하거나 달리는 선수의 플레이가 중단되는 등의 상황으로 이어진다.

대부분의 경기장에서 관중은 경기의 중요한 순간에 최대한 많은 소음으로 상대 팀의 의사소통을 방해해야 할 책임을 매우 진지하게 받아들이는데, 일부 팬층은 다른 팬층보다 이 책임을 더 잘 수행한다. 어떤 사람들은 시애틀 시호크스 팬들이 소음 발생을 예술로 승화시켰다고 말한다. 시호크스 팬들은 목청껏 소리를 지르고 발로 최대한 세게 쿵쿵거리며, 손으로 시끄럽게 할 수 있는 모든 장치를 찾아내고 조작해 소음측정기를 130데시벨 이상으로 지속적으로 밀어붙인다. 관심 있는 사람을 위해 설명하자면, 미국연방 유관기관 소음위원회의 비교 분석에 따르면, 130데시벨은 항공모함을 떠나는 F/A-18 호넷Hornet(미국 해군의 현대식 다목적 전투기 – 옮긴이주)의 꼬리 끝에서 50피트 떨어진 거리에 있는 것과 같은 수준이다. 터보제트 엔진의 추진력 증가 장치인 애프터버너 가동 시에.

한 번에 열한 명의 선수만 경기장에 입장할 수 있지만, 열성적인 시애틀 응원단은 1984년 꽤 유능한 '12번째 선수'로 자리매김했다. 시호크스 경영진은 실제로 응원단을 기리기 위해 등번호 12번 유니폼을 영구 결번으로 지정했다. 그들이 만들어낸 소음은 상대 팀에게 계속 큰 영향을 미치고 있다. 2005

년 11월 27일, 뉴욕 자이언츠는 시애틀과의 경기에서 11번의 부정출발로 벌칙을 받았고 필드골 세 개(공을 바닥에 둔 채 발로 차서 상대 팀 골대 사이로 공을 넣는 것-옮긴이주)를 놓쳤는데, 이 모두가 시애틀 관중들 때문이었다. 다음 날 마이크 홀름그렌 감독은 시호크스의 열두 번째 선수인 팬들에게 경기 공을 헌정했다.

이제 당신과 내가 한 미식축구 코치가 소음 내기로 유명한 상대 팀 경기장의 소음을 줄이는 데 도움을 주고 싶다고 가정해 보자. 경기가 일주일 앞으로 다가온 지금, 그 코치를 위해 기자회견과 신문 인터뷰, 주간 라디오 쇼, 주간 텔레비전 프로그램에 넣을 몇 가지 대사를 제안할 수 있다.

적대적인 관중 소음에 대한 주제가 나올 때마다 그 코치는 팀을 위해 개발된 새로운 기술이나 이제 막 도입한 새로운 의사소통 체계를 언급할 것이다. 그는 그 이야기를 꺼내는 것에 대해 조심스러워할 것이며, 물론 경기장 소음에 대한 질문을 받았을 때만 자신의 돌파구에 대해 거론할 것이다. 그렇지만 다가오는 경기의 상대 팀 팬들이 경기장 소음으로 유명하기 때문에 그는 어쩔 수 없이 질문을 받게 될 것이다.

어느 순간 코치는 의미심장하게 미소를 지으며 "글쎄요, 저들이 원하면 소리를 지를 수 있지만 우리에게는 사실 별로 중요하지 않습니다"라고 말할 수 있다. 그러면서 그는 씩 웃으며 말을 이어나간다. "지금은 그게 좀 우스운 일이라 아무 말도 하지 말아야 할 것 같지만, 우리는 이미 다 해결했습니다. 소음에 대해서는 더 이상 팀 회의에서도 얘기가 나오지 않고 있고, 또 더 이상 우리에게 영향을 미치는 요인도 아닙니다."

이렇게 말하고 나면, 인터뷰를 하는 사람은 자연스럽게 더 자세한 정보를 요구하기 시작할 것이다. 그리고 코치는 기분 좋게 웃으며 "안…됩니다. 이미 너무 많이 말한 것 같은데요. 더 이상 이 얘기는 하지 않겠습니다!"라고 말한다.

그 순간부터 뉴스와 토크쇼를 통해 소문이 퍼지기 시작하고, 경기가 시작될 즈음에는 팬 상당수가 이제 어떤 소음도 아무 소용이 없다고 결론을 내릴 것이다. 그래서 그들은 소음을 만들어내지 않는다. 그리고 해당 경기의 데시벨은 40포인트로 감소한다.

군중이 믿었던 것 외에는 아무것도 변하지 않았음을 기억하자. 그들은 자신들이 무력해졌다고 믿었기 때문에 그들의 힘을 사용조차도 하지 않았다. 그래서 그 원정 팀은 쿼터백의 신호소리를 아무 문제없이 들을 수 있었다.

몇 달 전, 그러니까 그 장군들과의 즉흥적인 미팅이 있은 지 몇 년이 지난 뒤 나는 그날 저녁 그 자리에 있었던 한 남자와 예기치 않게 만났다. 그가 주선한 외진 곳에서 그 남자는 내게 전 세계에 뉴스를 장식한 작전을 포함해 그때 이후로 여러 군사 작전을 지휘했다고 말했다.

그는 주머니에서 선물을 꺼내 내게 건네주며 말했다. "당신을 위해 간직하고 있었습니다." 내가 눈을 크게 떴다. "그날 밤의 대화 기억나세요?" 그가 능청스럽게 묻더니 말했다. "있잖아요, 난 이런 작전이 성공하는 데에 믿음 강요가 결정적으로 기여했음을 알려주고 싶었어요. 이번 작전에서 특히 더 그랬어요."

물론 나는 어안이 벙벙했지만 감격스러웠다. 사소한 것이 얼마나 큰 차이를 만들어낼 수 있는지 새삼 다시 한 번 깨달았다. 이 경우에는 아주 사소한 '사고의 전환'이 있었다.

이 사람은 작전을 성공한 공을 인정받아 현재 미국과 동맹국들을 위해 일하며 해외에 주둔하고 있다. 최근 별 하나를 추가로 달았고, 그는 탁월한 집중력을 가진 재능 있는 소수의 사람들을 지휘하고 있다고 한다.

나는 얼마 전 식사를 마치고 나서 아이스티를 내려놓고 그의 눈을 뚫어지게 바라보며 물었다. "무슨… 그러니까 내 말은 정확히 지금 무슨… 일을 하고 계십니까?"라고 물었다.

그는 여유로우면서도 조심스럽게 미소를 지으며 어깨를 으쓱했다. 동시에 손을 어떻게 해야 할지 어쩔 줄 몰라 하며 허공에다 대고 움직이거나 흔들었다. 그러면서 이렇게 말했다. "아, 알다시피… 그냥 사소한 것들입니다."

> **공지! 샛길로 빠짐 종료**
> 이제부터 주요 경로를 따라 계속 읽어 나가라!

음, 어디까지 얘기했지? 아, 기억난다! 나는 '최고'라고 하는 사소한 것을 이해하는 것이 얼마나 가치가 있는지 입증하는 증거 얘기를 하던 중이었다.

하지만 지금은 이 장의 처음 네 음절로 돌아가서 '만약 선택할 수 있다면'으로 돌아가 보겠다.

미묘하면서도 동시에 대담한 네 음절. 우리는 이 네 음절을 수년 동안 너무 자주 보고, 자주 듣고, 자주 말해 왔기 때문에 그 진위를 잠시 멈춰서 생각해 본 적이 없었다. 하지만 장막을 걷어내면 그 진실을 금방 알 수 있다.

'만약 선택할 수 있다면', 이 네 음절은 마치 3,000달러짜리 비싼 정장을 입은 위험한 정치인처럼 보인다. 연단에 편안하게 기댄 그는 치과용 진주빛 치아 캡을 드러내며 눈부시지만 진심 어린 미소를 짓고 있다. 머리는 보통 사람은 감당할 수 없는 비싼 이발을 해 단정하다. 그는 검게 그을린 얼굴에 로션을 바르고 꿀 같은 바리톤 목소리를 강조하듯 단정하게 가꾼 손으로 손짓을 해가며 새빨간 거짓말을 하고 있다. 그리고 우리는 그의 모든 말을 덥석 그대로 받아들이고 있다.

"만약 선택할 수 있다면."

이 말은 우리가 게임이나 대화를 시작할 때 자주 사용하는 말이기도 하다. 겉으로 보기에는 별문제 없이 순진무구해 보이는 말이지만 실제로는 우리 대다수가 목표를 달성하거나 인생의 최고를 경험하는 데 있어 다른 방법으로 얻을 수 있는 성취보다 더 낮은 목표를 세우고 성취하도록 교묘하게 영향을 미친다.

'만약 선택할 수 있다면'이라는 말은 사람들이 가장 이상적이거나 '최고의' 시나리오를 상상하기보다는 선입견이나 제약 내에서 생각하게 만들 수 있다.

이러한 자기제한적 사고방식은 사람들이 인생에서 성취하거나 누릴 수 있는 최고의 것을 경험하고 심지어는 고민하고 상상하는 것조차 방해한다. 사람들이 무의식적으로 자신의 열망과 성취를 스스로 제한하도록 유도해 자신의 잠재력을 최대한 발휘하지 못하게 만드는 것이다. 무의식적인 자기제한적 신념은 우리의 행동과 상상력 모두에 영향을 미친다. 쉽고 명확하게 정리하자면 이렇다.

"인생이 우리에게 주어야 하는 최고의 것을 아직 경험하지 못했다는 사실은 잊어라. 더 근본적인 문제는 우리 대부분이 실제로 최고가 무엇인지 생각해 본 적조차 없다는 것이다!!!!!!!!!!!!!!!!!!!!!!!!!!"

---

**특별히 참고할 내용**

마지막 문장 끝에 느낌표를 덤프트럭 한 대 분량으로 넣지 못한 점에 대해 독자 여러분께 사과드린다. 내 책의 편집자들은 아마 고등학교 때 국어 우등생이었을 것이다.

나는 아니었다. 그들은 확실히 나보다('우리보다'?) 문장부호를 더 잘 알고 있다. 그래서인지 그들은 내가 느낌표를 너무 많이 사용한다며 계속해서 지적질을 했다.

---

결론부터 말하자면, 이번 장의 첫 네 음절은 모두 더럽고 썩어빠진 거짓말이란 소리다.

당신은 아마 일곱 살 이전에는 상상의 나래를 마음껏 펼쳤을 것이다. 하지만 그 과정에서 자신의 미래에 대한 '진실'을 알게 되었을 것이다. 우주비행사나 영화배우가 될 수 없다는 것. 나이가 들수록 이 진실을 더 잘 알게 되었을 것이다. 아마 가능성이 낮아 보였기 때문에 목표는 더욱 낮아졌을 것이다.

당신은 당신에 대해 듣고 읽었던 제한적인 모든 말을 믿었다. 그러면서 그냥 삶을 살았다. 사실, 삶이 대단하지는 않았지만 그렇다고 끔찍하지도 않았다. 당신이 살아온 세상은 그저 통계 차원에서 존재하는 현실에 불과했다. 특별하거나 예외적이었다기보다 전형적인 또는 통계적으로 평균적인 삶을 살아온 것이다. 이는 대부분의 사람들이 일반적으로 경험하는 것의 범위 내 또는 표준에서 크게 벗어나지 않고 살아온 삶을 뜻한다. 당신은 스스로에게 말했다. "주위를 둘러보자. 현재에 만족하자. 왜 내가 달라져야 할까? 왜 더 많은 것을, 그리고 다른 것을 갈망해야 할까? 지금 이대로를 만족하면 안 되는 이유가 뭘까? 모든 게 다 괜찮은데."

사실 모든 것이 괜찮았다. 훌륭하지는 않았지만 괜찮았다.

당신은 당신이 해야 할 일을 했다. 최고 수준은 아니더라도 다른 사람들이 기쁨, 만족, 번영의 척도를 어떻게 측정하든지

간에 당신은 다른 사람들보다 확실히 더 높고, 더 좋고, 더 많은 것을 성취했다. 통계적으로 봐도 당신이 성취한 건 최하위나 최악과는 거리가 멀었다.

기억하는가? 당신은 모든 것이 괜찮았다. 정말 그랬다. 당신은 인생이 원래 그런 거라고 믿었다. 당신 자신과 당신의 삶에 대해 당신이 믿었던 모든 것이… 진실이었으니까.

모두 진실이었다.

그러나 '어쩌면'이라는 말을 앞에 붙여야 할지도 모른다. 그저 '어쩌면'이라고. 이렇게 말이다. 어쩌면 그 모든 것이 당신이 믿을 수 있었던 만큼이었기에 모든 것이 진실이었을지도 모른다.

주위를 한 번 둘러보라. 바로 지금.

주위에 다른 사람이 있는가? 있다면 자연스럽게 책을 덮고 밖으로 나가 보라. 다른 곳으로 가라. 혹시 아무도 없다면 그 자리에 그냥 있어라. 당신과 내가 개인적으로 이야기할 수 있는 조용한 장소를 찾으려고 그러는 거다. 그러니 우리가 단둘이 이야기를 나눌 조용한 장소를 찾기 위해 다른 곳으로 가야 한다면 그렇게 하라.

출발하라. 지금 당장. 기다릴 것이다.

★ ★ ★

이제 우리 둘만 있는 게 맞나? 주변에 당신 어깨 너머로 이 책을 힐끔 쳐다보는 사람은 없는지 살펴보라. 아무도 없다면 됐다.

그렇다면 개인적인 질문 하나 해도 될까?

해도 된다면, 깊게 심호흡을 한번 하고 솔직하게 대답해주길 바란다.

신을 믿는가?

아니, 잠깐. 잠깐. 잘 생각해 보고 대답하라. 적어도 1~2초 정도 열심히 생각해 본 다음에 대답하라.

정말로 신을 믿는가?

백 명에게 이 책을 읽으라고 설득할 수 있다면, 그래서 그들이 내 질문에 진짜로 정직하게 대답한다면, 아마 극과 극의 대답을 오가며 다양할 것이다. '예'에서 '아니오'까지, 그 사이에는 갖가지 이유가 즐비할 것이다. 내가 신을 언급했다는 사실에 불쾌감을 느끼고 글을 읽지 않는 사람도 있을 것이다. 그리고 내가 이 책의 모든 장에서 신을 언급하지 않았다는 사실에 분노해 비방의 서평을 쓰는 사람들도 있을 것이다.

하지만 여기서 잠시나마 당신은 당신의 생각보다 잘 알지 못하는 누군가를 만날 수 있는 드문 기회를 얻었다. 이 기회는 점점 더 드물어지고 있는 소중한 기회다. 여기서 누군가는 작가인 나를 말하는 것이 아니다. 지금 당신은 어디에 있든 혼자 있는 동안 스스로 생각할 수 있는 기회를 갖게 된 것이다. 자기 자신에게 몇 가지 질문을 해보자. 그리고 그 모든 질문에 스스로 답하는 것이다.

지금 이곳은 조용하다. 당신은 혼자 있다. 편안하게 앉아라.

자, 다시 질문하겠다. 지금 여기, 당신과 함께하는 신을 믿는가? 당신을 사랑하고 돌보며, 당신을 위해 최고의 것을 원하는 우주의 신을 믿는가?

만약 당신이 확신할 수가 없어서 "예"라기 대답하기 곤란하다면, 조용히 그러나 재빠르게 그 대답을 계속 추구해야 한다. "예"라고 확신하는 친구를 찾아 방향을 물어보라. 친구나 친구가 아는 누군가가 당신의 질문에 답해주고 당신을 믿을 수 있는 즐거운 곳으로 이끌어줄 것이다.

하지만 이미 긍정적으로 답했다면 세 가지만 더 생각해 보길 바란다.

우선, 당신의 대답은 "예"다.

그럼, 당신을 돌보고 당신을 위해 최고의 것을 원하는 사랑의 신을 믿는가?

좋다. 나도 그렇다.

두 번째로 묻고 싶은 질문은 조금 이상하지만 아무튼 물어보겠다.

신이 당신보다 상상력이 더 뛰어나다고 생각하는가?

'그렇다'고 생각하는가? 좋다. 나도 그렇게 생각한다.

자. 이제 마지막 질문이다. 이 질문은 판도를 바꿀 수 있는 질문이라고 생각한다. 준비되었는가? 이제 깊이 심호흡을 하고 나와 함께 생각해 보자.

신이 당신에게 최고의 것이 이루어길 바란다고 믿는다면….

그리고 당신은 분명히 당신을 위해 최고의 것이 이루어지길 원한다는 것을 알고 있다면….

그리고 당신은 또한 신이 당신보다 더 뛰어난 상상력을 가지고 있다고 믿는다면….

그런 다음 우리가 당신의 삶, 당신이 상상할 수 있는 최고의 삶이라고 생각한 삶을 살펴보고, 신이 상상할 수 있는 최고의 삶과 나란히 놓아 보자.


## 이 두 개의 삶이 완전히 다르게 보일 수 있을까?

사랑하는 한 사람, 혹은 한 명 이상의 사람에게 큰 보상이 있는 기회를 제시해 본 적이 있는가? 그들이 고군분투하는 모습을 지켜보면서 그들의 성공을 간절히 바라며 조용히 그들을 위해 기도한 적이 있는가? 당신은 간섭하지 않으려고 눈을 감은 채 긴장을 하면서도 온 힘을 다해 그들이 더 나은 방향으로 나아가게 하려고 노력했다. 그 뒤 당신이 사랑한 사람들, 심지어 당신의 자녀까지도 한동안 참고 버티며 어느 정도 성취를 이루었음에도 불구하고 그냥 노력을 멈췄다. 하지만 실제로 그들은 멈춘 게 아니다. 그저 일정한 목표에 도달해 그 자리를 유지하고, 그 노력 수준에 맞는 보상을 기꺼이 받아들였을 뿐이다.

이런 입장이 되어 본 적이 있거나 상상할 수 있다면 그 아픔이 얼마나 큰지 알 것이다. 부모 입장에서는 자녀가 고개를 들어 위를 바라보았다면 더 많이 갖고, 더 많이 될 수 있었으며, 더 멀리, 더 높이 올라갈 수 있었다는 사실을 아는 것은 고통스러운 일이다. 계속 나아가기만 했더라면. 가능하다는 말만 믿었더라면!

비극적이게도 자녀가 자신을 위해 실제로 원한 것 이상으로 부모는 자녀를 위해 더 좋은 결과, 최고를 원했다는 사실을 깨닫게 된다. 부모는 자녀의 능력을 알고 있었다. 상을 받기 위해서는 무엇이 필요한지 알고 있었다. 그러나 투쟁의 끝에는 즐거운 결말이 있다는 것을 알고 있었다. 하지만 자녀는 믿지 않았다. 그리고 이제 부모는 자녀를 볼 때마다 무엇이 될 수 있었는지 생각하게 된다.

무엇이 되었어야 했는데.

신이 가장 순수한 의미에서 우리의 아버지라는 것을 알기에, 우리는 그분이 적어도 우리가 우리 자녀를 사랑하는 것만큼이나 그분의 자녀를 사랑한다는 것을 분명히 알고 있다. 신은 우리를 보고 어떤 기분일지 궁금하다. 때때로 절망에 빠져 고개를 떨굴까? 우리가 직면하게 되는 고난에서 의미와 가치를 찾지 못하기 때문에 우리가 나약하거나 어리석다고 생각할까? 우리가 의미를 찾을 시도조차 하지 않는다면?

위대함은 결코 연약함의 산물이 아니다. 육체적, 정서적, 영적 근육은 고난을 통해서만 발달하며, 그 근육을 통해 능력이 향상되고 새로운 힘을 얻게 된다. 수용력, 능력, 지혜는 지금 당장은 불가능하다고 여겨지는 것들의 저항에 맞서서 발휘될 때 성장한다. 어려운 시기에 발달한 근육은 결국 불가능은 미래를 위한 성취 가능한 기회로 바꿀 힘이 될 것이다.

피할 수 없는 결론… 유일하게 합리적인 현실… 기초적인 진실… 최종 결론은 바로 이렇다. 당신과 나는 다른 사람들의 기대를 충족시키기 위한 목표를 설정하는 데는 더 적은 시간을 할애하고, 우리가 진정으로 가능하다고 믿는 수준을 정당하게 높이는 데 더 많은 시간을 할애해 온전히 집중해야 한다. 이는 신이 우리를 위해 직접 확인해준 최고의 삶을 추구하는 길에 자신을 맞출 때에만 가능하다.

궁금하지 않은가? 신은 무슨 생각을 할까?

사
소
한

것
들

# 존재하는 것에
# 눈을 크게 뜨고
# 바라보는 것

관점은 우리가 어떤 것을 보기로 결정하는 방식이다.
맹목(盲目)은 그것을 전혀 보지 않겠다는 결정이다.
부정적인 관점을 선택하면 한계가 있다.
하지만 맹목을 선택하는 것은 비극이다.

우리 가족은 좋은 동네에 살고 있다. 이웃과 자주 교류하며 친하게 지낸다. 우리는 이곳에서 꽤 오랫동안 살고 있다. 사실 이곳은 우리 아이들이 아는 유일한 집이기도 하다.

젊은 시절 나는 한동안 노숙자로 지냈다. 낮에는 이상한 일을 하며 해변을 배회했다. 밤에는 가끔 빈 차고에서 지내기도 했고, 그보다 걸프 주립공원 부두 아래 콘크리트와 모래가 만나는 지점에 움푹 파놓은 구덩이에서 더 자주 보냈다. 지금도 일주일에 몇 번은 그 옆을 지나가곤 한다. 집에서 불과 6마일 밖에 떨어져 있지 않지만, 여러 면에서 현재 살고 있는 곳과는 다른 세계다.

한번은 12월 어느 날 오후 어두워지기 15분 전 아내 폴리와 나는 친구들과 저녁 식사를 하러 한 시간 거리에 있는 식당으로 향하고 있었다. 동네 출구를 표시하는 정지 표지판에서 우리는 운전할 때만 선택할 수 있는 두 가지 선택 사항에 직면했다. 해변과 멕시코만의 광활한 바다가 바로 앞에 펼쳐져 있기 때문에 남쪽으로 향해야 하는 상황에서는 왼쪽 방향이나 오른쪽 방향 중 하나를 선택해야 했다. 동쪽 또는 서쪽.

친구들을 만나려면 걸프브리지가 있는 왼쪽 방향으로 꺾어야 하는데 폴리와 나는 왠지 오른쪽 방향을 쳐다보았다. 우리가 방향을 잘 몰라서 그런 건 아니었다.

"정말 멋질 것 같지?" 아내가 휴대전화를 꺼내며 중얼거렸다. "하늘이 아주 '나 좀 봐줘'하며 뽐낼 준비를 하고 있는 것 같아." 아내는 휴대전화 화면에서 카메라 앱 아이콘을 찾으며 장난스럽게 말했다. 그리고 "오늘 밤은 불라드 네 집에서 식사를 했으면 좋았을 텐데"라고 덧붙였다.

나는 미소를 지으며 고개를 끄덕이며 동의했다. 걸프브리지에 사는 친구 얘기가 아니었다. 불라드 가족(조와 폰시)은 모빌베이의 페어호프 근처에 있는 포인트클리어에 살고 있었다. 불라드 네 집으로 가려면 우회전해 바로 서쪽으로 향해야 했다. 아직 일몰이 시작되지도 않았지만, 경험상 오늘 저녁 서쪽으로 운전하는 사람이라면 누구나 구름과 어우러진 걸프만 바다의 반짝이는 석양을 보고 감탄을 하게 될 것이다.

"아, 그러게 말이야." 내가 아쉬워하며 말했다. 우리는 마지막으로 오른쪽을 흘긋 쳐다보고는 좌회전해 동쪽으로 향했다.

15분 뒤 일몰을 거의 잊고 있었을 때쯤 폴리가 어깨 너머로 창문 밖을 바라보며 헉, 하는 소리를 냈다. 그녀는 재빨리 휴대전화로 사진을 찍었다. "이것 좀 봐." 그녀는 휴대전화를 내 시야에 보이도록 들어올려 보이며 말했다. 재빠르게 얼핏 보니 그녀가 찍은 사진이 눈에 들어왔다. 1초도 채 안 되는 짧은 순간이었지만, 경이로움에 고개를 절레절레 흔들었다. 폴리가 휴대전화로 찍은 사진, 그러니까 내가 잠깐 본 그 사진에는 붉게 타오르는 석양이 찬란하게 빛나고 있는 모습이 담겨 있었다. 고개를 기울여 휴대전화를 가리키며 "비현실적인 사진이네. 분명 실제로 보는 것 하고는 비교도 안 되겠지만, 그래도 너무 놀라워." 나는 엄지손가락으로 우리 뒤쪽을 가리키며 "사진이 이 정도면 대체 지금 저 뒤쪽에서 펼쳐지고 있는 실제 풍경은 어떻다는 거야?"라고 물었다. 2차선 도로에 차가 많이 막혀서 감히 뒤돌아볼 엄두가 나지 않았다.

"굉장해. 2분 전과는 완전히 다르지만, 여전히 놀라워. 어쩌면 더 믿기지 않을 정도로 놀라울 수도 있고." 그녀가 말했다. 폴리는 잠시 휴대전화를 만지작거리다 안전벨트가 허용하는 내에서 최대한 내 쪽으로 온몸을 돌려 뒤쪽을 쳐다보았다. 그녀가 등받이에 턱을 기대자 그녀의 검은 머리카락이 내 어깨를 스쳤다. 나는 깊이 심호흡하며 그녀의 향수 냄새를 맡았다.

폴리는 조용히 뒷좌석 창밖을 응시했다. "원한다면 차를 돌려 뒤로 갔다가 다시 걸프브리지로 갈 수도 있어." 그녀가 장난스럽게 말했다. 나는 그녀의 말에 미소를 지었지만 대답하지 않았다. 대신 손을 뻗어 그녀의 손을 잡고 전방의 미등과 왼쪽에서 추월하는 다른 차량의 전조등에 주의를 기울이며 계속 운전에 집중했다.

내가 운전하는 동안 아내는 마치 하늘이 다시는 석양을 만들지 않을 것처럼 열심히 달리는 해설을 이어갔다. 그녀는 움직이면서 서서히 더 강렬하게 총천연색으로 물들어가는 하늘을 설명했다. 마침내 폴리는 흥분과 만족이 뒤섞인 독특한 소리를 내며 한숨을 내쉬었다. 이제 거의 완전히 어두워져 그 장관이 차츰 보이지 않는데도 폴리는 정면을 향해 고개를 돌리면서 색채의 소용돌이와 움직이는 구름에 대해 계속 이야기하며 석양의 장관을 설명해주려고 노력했다.

차를 타고 가면서 아내의 이야기를 들었던 나는 그 풍경을 놓친 것에 그다지 실망하지 않았다. 걸프만에 사는 사람들에게 그날 저녁과 같은 하늘은 거의 흔한 일이다. 지겨울 정도는 아니지만 멋진 석양은 그리 드물지 않았다.

"전에는 이런 생각을 해본 적이 없었는데, 어떤 면에서는 당신이 해변 부두 밑에서 잠을 자며 살았던 시절이 부럽기도 해." 폴리가 갑자기 말했다. 잠시 후 내가 아무 대답도 하지 않자 그녀는 "그거 알아?"라고 덧붙였다. 나는 그녀가 내 다리를 가볍게 툭툭 칠 때까지 조용히 운전만 하고 있었다. "당신 내 말 들었어?"

"음… 들었어. 왜 당신이 나의 그 시절을 부러워하는지 생각해 보는 중이야." 내가 멈칫거리며 대답했다.

"그냥, 매일 저녁 당신이 해변에 나가서 파도 소리를 들으며 얼마나 많은 노을을 봤을지 생각했어."

다시 나는 아무 말도 하지 않았고, 잠시 후 폴리가 물었다. "여보, 듣고 있어? 무슨 생각 하는 거야?"

"그때를 생각하며 기억을 더듬고 있어…. 그거 알아?" 나는 그녀가 듣고 있는지 확인하려고 재빨리 그녀를 흘끗 쳐다보았다. "어쩌면 그 이후에 상황이 진짜 바뀐 건지도 몰라. 분위기라든지 뭐 다. 왜냐하면… 아… 그러니까 이런 눈부신 석양이 없었거든. 이런 총천연색으로 물든 석양이 없었어. 사실,

생각해 보면… 음, 아무것도 없었어. 어쨌든 지금과 같지 않았지. 지금은 일주일에 몇 번씩 아름다운 석양을 볼 수 있지만, 그 당시에는 석양을 거의 본 적이 없었어. 매일 저녁 해변에 있었었는데도. 이상하지. 나는 그런 석양을 본 기억이 없어." 내가 말했다.

한동안 우리는 조용히 있었다. 심란하게도 슬픔의 끝자락이 드리우는 것을 느꼈지만 이유를 알 수 없었다. 하지만 훨씬 더 젊은 시절의 내 모습이 담긴 과거의 장면들이 초대도 안 했는데 불쑥 마음속에 떠올랐다. 가끔 정오가 되면 하루가 끝나는 것이 두려웠던 기억이 떠올랐다. 몇 시간 동안 빈 차고를 찾거나 부두 밑으로 기어들어가 혼자 밤을 지새워야 했던 시간, 해질녘을 향해 점점 다가오는 시계를 바라보며 주먹을 불끈 쥐고 가슴을 움켜쥐던 두려움의 기억들이었다.

오래전 '안전'하다고 생각했던 낮이 저녁으로 바뀌고 해변이 점차 조용해질 때까지, 그 늦은 오후의 습한 공기의 무거움을 나는 결코 잊은 적이 없다.

한낮의 강렬했던 바람이 잦아들면서 관광객들은 해변을 떠나 에어컨과 샤워, 가족과의 저녁 식사, 깨끗한 시트가 깔린 진짜 침대가 있는 그들의 편안한 숙소로 돌아가고 있었다. 날이 저물어 밤이 되어 혼자 남겨진 고요함이 불길하게 느껴졌다. 어둠은 문자 그대로나 비유적으로나 적이었다. 채 잠들기도 전에 내 의식을 지배하고 잠이 들자마자 악몽으로 나를 공격하는 포학한 포식자였다.

"여보?" 폴리가 부드럽게 말을 건네며 손을 뻗어 내 팔을 살짝 만졌다.

"어?" 내가 눈을 깜빡이며 자리에 앉아 허리를 곧게 펴고 대답했다. 나는 우리가 어디쯤 달리고 있는지 재빨리 확인하고 잠시 내가 '멍해' 있었다는 것을 아내가 눈치챘다는 사실을 깨달았다. 나는 미소를 지으며 아내를 토닥여주려고 손을 뻗었다. "괜찮아?" 내가 물었다.

그녀의 눈썹이 살짝 올라갔다. "응. 당신은 어때?" 그녀가 물었다.

"나? 난 괜찮아." 내가 내답했다.

폴리는 고개를 끄덕였다. "무슨 생각을 그렇게 열심히 해?" 그녀가 물었다.

"아, 뭐. 아무것도. 전부 다. 그냥 일반적인 것들. 당신 표정이 '일반적인 것에 대해 생각하는' 표정이 아닌 것 같은데." 그녀가 다시 고개를 끄덕이며 말했다.

그 시점에서 할 말이 없던 나는 아무 말도 하지 않았다. 다행히 폴리가 그 주제를 더 이상 거론하지 않았다. 잠시 후 평소의 일상적인 대화가 다시 시작되었다. 우리는 아이들, 어머니가 편찮으신 친구에 대한 이야기, 그리고 그날 내가 만났던 축구 코치에 대해 이야기했다.

잠시 후 폴리가 휴대전화 화면을 빠르게 살피고 있는 것을 알아차렸다. "뭘 찾아?" 내가 물었다.

"당신한테 보여주고 싶은 게 있어서. 잠깐만. 이게 좋겠다." 그녀가 말했다. 그러더니 잠시 후 찾고 있던 것을 찾은 듯 폴리는 고개를 들었다. "잠깐만 차 좀 세울 수 있을까?" 그녀가 물었다.

나는 이유를 묻지 않았다. 오른쪽에 주차장이 나타났고 차를 세웠다. 차가 주차장에 들어서자마자 폴리는 묘한 미소를 지으며 말했다. "해가 지고 있을 때 이야기를 나누면서 다른 사진을 몇 장 찍었어. 이것 좀 봐." 그녀가 휴대전화 화면을 내 쪽으로 돌리면서 말했다. "이 사진이 가장 마음에 들어. 뒤돌아보기 전에 찍은 사진이야."

나는 그 사진을 보자마자 '그래, 아까 처음 보여줬던 사진보다 더 놀라운데. 내가 지금껏 본 그 어떤 석양보다 더 멋진 것 같다'라고 생각했다.

"이 사진, 보고 있는 거야?" 그녀가 물었다.

나는 미소를 지으며 고개를 끄덕였다. "와!"라는 말밖에 떠오르지 않았다. 그녀의 촬영 방식이 사진을 더욱 매력적으로 만들었다.

"사이드미러로 찍은 거야." 그녀가 말했다.

"굉장한데."

폴리는 내가 사진을 자세히 살펴보고 내 휴대전화로 전송할 수 있도록 기다려주었다. 그녀는 내가 자신의 휴대전화를 돌려줄 때까지 가만히 있었다. 그러더니 다시 사진을 보여주면서 말했다. "이건 진짜 석양 사진이 아니야."

"뭐라고?" 내가 눈살을 찌푸리며 말했다.

"이걸 좀 봐. 이건 자동차의 조수석 사이드미러 사진이야." 그녀의 말에 다시 사진을 봤다.

이내 내 눈이 좁아졌다. "그러네…."

그녀는 천진난만하게 웃으며 말했다. "그냥 재미있다고 생각했어. 사진을 찍을 때 정면을 바라보고 있었거든. 사실 난 거울만 봤어. 그 순간 난 진짜 석양을 본 게 아니야. 실제 석양은 저 뒤에 있었지. 알겠어?" 그녀는 휴대전화의 이미지를 다시 내 쪽으로 내밀었다.

"알겠어. 그런데 그게 뭐 어떻…?" 내가 조심스럽게 물었다.

"잠깐만." 폴리가 끼어들었다. "이제 정말 흥미로운 부분이 나와. 나는 뒤돌아서 나머지 석양을 지켜봤어. 그리고 사진도

찍었지. 하지만 당신은 돌아보지 않았어. 바빴던 거 알아. 운전 중이었으니까. 하지만 분명한 사실은 당신은 단 한 번도 뒤를 돌아보지 않았다는 거야. 당신은 저녁놀을 보지 않았어."

아내는 기대에 찬 눈빛으로 나를 쳐다보았지만 그녀가 더 이상 아무 말도 하지 않자, 나는 시계를 쳐다보며 말했다. "우리 이제 출발해야 해."

폴리가 천천히 미소를 지었다. "그래 가야지. 하지만… 이 말을 다시 하고 싶어…." 폴리가 말했다.

나는 눈을 크게 뜨고 조바심을 감추려고 애썼다. "좋아." 내가 짧게 말했다.

그녀가 내 손을 잡았다. "여보. 오늘 저녁 하늘은 그 어느 때보다 아름다웠어. 사실, 당신은 그 석양을 전혀 보지 않았지. 단 한 번도. 하지만 그거 알아? 당신이 보든 안 보든 석양은 늘 거기에 있었어. 계속 바로 당신 뒤에 말이야." 그녀가 말했다.

그날 나는 저녁 식사 장소에 거의 다 도착한 후에야 비로소 폴리의 말을 알아들을 수 있었다. 하지만 폴리의 교훈은 그 이후로 계속 마음에 남아있다.

사실, 내가 해변가에서 산 지 30년 이상이 지났다. 그때도 지금처럼 수많은 석양이 있었다. 자기 연민과 분노를 구실로 아름다움을 외면하고 맹목을 선택했다는 사실이 그 당시 석양이 존재하지 않았다는 의미가 될 순 없다.

물론 일출도 있었다. 무지개와 보름달도 있었다. 광활한 밤하늘에 백만 개의 다이아몬드가 박힌 듯 별들이 흩어져 빛나고 있었다. 하지만 나는 그 모든 것을 놓쳤다.

나는 내 인생에서 한동안 맹목을 선택했던 것이다. 그 선택으로 인해 나는 아름다움뿐만 아니라 기회, 용서, 타인의 가치, 그 밖의 물질적, 정신적 가치에 대해서도 눈을 감았다. 그 당시 이러한 덕목들을 거부한 탓에 더 나은 삶의 빛 속으로 나아갈 수 있는 기회를 잘도 무력화시켰다.

맹목을 고집스럽게 선택하는 사람은 단순히 비관적 관점을 넘어 위험한 발걸음을 내딛는 것이다. 상황을 우울하게 보는 방식은 안전장치가 없는 절벽을 따라 걷는 것에 불과하다. 하지만 그 절벽을 전혀 보지 않기로 선택하면 만사가 끝이다.

명확히 말하면, 관점은 우리가 어떤 것을 인식하기로 결정하는 방식이다. 맹목은 그것을 전혀 보지 않겠다는 결정이다.

부정적인 관점을 선택하면 한계가 있다.

맹목을 선택하는 것은 비극이다.

당신과 내가 남은 우리의 인생을 살아가면서 다른 사람들이 자신의 삶을 성공적으로 탐색하는 방법을 이해하도록 돕고자 한다면, 우리는 매일을 살아가는 데 있어서 마음과 생각을 현실을 향해 활짝 여는 관점이 필요하다는 것을 인식해야 한다.

즉, 우리는 무언가를 보겠다고 선택해야 어떻게 볼 것인지 선택할 수 있다.

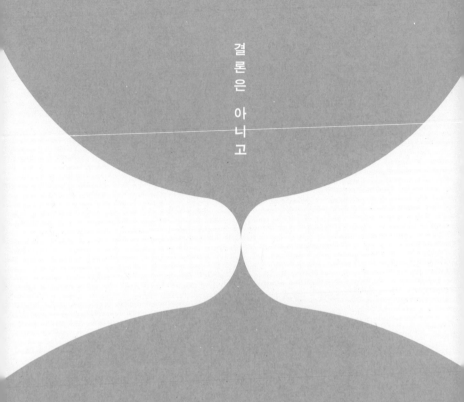

결론은 아니고

사소한 것은 시작에 불과하기 때문이다!

평생 뛰어야 할 경기를 위해 팀들이 선택되는 순간을 가정해 보자. 이 경기의 목적은 한 팀이 개인적으로나 직업적으로 다른 팀을 능가하는 것이다. 각 팀은 역사상 어느 시대에서나 한 명의 선수, 즉 다른 선수들을 이끌어줄 위대한 인재를 영입할 수 있다.

1팀의 주장인 당신에게 첫 번째 선택권이 주어진다. 아리스토텔레스와 아인슈타인 중 누구를 선택하겠는가? 어려운 결정처럼 들리겠지만 실제로는 그렇지 않다. 전혀.

당연히 아인슈타인이지.

당신은 아마 "지금 누구요? 잠…깐만요"라고 말할 수도 있겠다. "말도 안 돼요!" 당신이 아인슈타인의 논리를 잘 알고 있는 사람이라면, 내가 아인슈타인을 추천함으로써 내가 이 책의 주제 전체를 무의미하게 만들었다고 생각할 수도 있다. "어쨌든 아리스토텔레스는 자신의 사고나 철학에서 세부적이고 구체적인 측면인 '작은 그림'에 집중한 사람이잖아요. 아인슈타인은 정반대였고요! 아인슈타인은 확실히 광범위하고 일반적인 개념이나 아이디어 측면의 큰 그림을 그린 사람이었어요!" 당신은 이렇게 주장할 수도 있다. 물론, 적어도 아인슈타인이 큰 그림을 그린 사람이었다는 점은 맞을 것이다.

혼란스러운가? 걱정하지 마라. 다행히도 다른 많은 상황과 마찬가지로 자세히 살펴보면 이해의 폭이 넓어진다.

이런 각도로 생각해 보자. 아리스토텔레스의 논리가 '작은 그림'에 집중한 것은 사실이지만, 그 이유는 그 논리가 그 방향으로 생각을 움직이기 때문이다. 아리스토텔레스의 논리는 환원주의의 한 형태다. 생각을 더 작은 그림으로 이동시키면서 상당히 자연스럽게 축소되고 배제된다.

반면에 아인슈타인의 논리는 큰 그림을 향해 나아간다. 아인슈타인의 논리는 비선형적이며, 생각을 더 큰 관점으로 이동시키면서 자연스럽게 확장되고 포괄적이다.

이렇게 오래 함께 시간을 보냈으니 내가 당신에게 큰 것을 바라는 것이 놀랍지는 않을 것이다. 애초에 사소한 것들을 살펴본 이유는 당신이 끊임없이 증가하는 더 큰 기회의 삶을 구축할 수 있는 토대를 보다 완벽하게 이해하도록 하기 위해서였다.

당신은 끊임없이 작아지는 사소한 것에 파묻혀 살도록 창조되지 않았다. 당신의 삶은 성장과 포용을 위해 창조되었다.

사소한 것들을 발판으로 삼거나 인생의 큰 그림, 예를 들어, 위대한 업적으로 향하는 통로로 사용하라는 것이다. 사소한 것들은 우리가 바라는 최종 결과를 달성하기 위해 사용하는 수단일 뿐이다.

안타깝게도 대부분의 사람들은 탄탄한 기초를 다지지 않은 채 큰 그림을 그리기 위해 계속 노력할 것이다. 그들은 사소한 것이 시작에 불과했다는 것을 이해하지 못할 것이다. 그러나 제대로 된 시작점이 없으면 성장이 크게 저해된다. 그들은 앵무새처럼 어릴 때 불렀던 노래를 어른이 되어서도 똑같이 부를 것이다. 즉, 가만히 내버려 두면 그들은 크게 변하지 않는 경향이 있다.

대부분은 새로운 정보에 위협을 받는다. 왜 그럴까? 새로운 정보는 우리가 생각을 바꾸고, 때로는 우리가 믿는 것까지 바꾸도록 요구하기 때문이다. 그들은 이해하려는 노력을 이해하지 못하거나, 이해하고 싶어 하지도 않는다. 이러한 이해 부족은 성장에 대한 욕구 부족과 맞물려 자신의 삶에서 잠재력의 한계에 도달하지 못하도록 한다.

슬프지만 사실이다. 대부분이 확실히 알고 있는 것은 어제의 뉴스다.

그러니 한 가지 얘기를 하자면, 당신이 '대부분의 사람'이 아니어서 다행이다!

당신은 준비가 되었다. 그리고 계속 준비하고 있다. 이미 많은 것을 배웠고 더 많은 것을 배우고 싶어 한다. 호기심이 많고, 지혜에 기쁨을 느끼며, 당신이 선택한 길에 다른 사람들의 관심을 끌 용의가 있다. 당신의 길은 기쁨의 길이다. 당신은 당신이 받은 모든 것에 관대하기로 선택했기 때문에 그 길은 흥분과 끊임없는 보람으로 가득하다.

내가 당신에게 마술 지팡이를 휘두를 수 있다면, 나는 당신의 눈을 크게 뜨라고 선언할 것이다. 이제 당신이 진실이라고 알고 있는 것을 이용해 당신이 어떤 사람이 되었는지 다른 사람들과 공유할 때가 왔다. 나는 당신의 마음과 영혼과 정신 역시 열려 있다고 선언할 것이다. 내 마술 지팡이로 나는 당신이 신의 손만이 그 모든 것을 설명할 수 있을 정도로 가치 있고 보람 있는 삶을 살도록 할 것이다. 당신이 남긴 유산의 기쁨과 평화, 영향력이 대대손손 이어지면서 당신의 가족은 보기 드문 지혜와 재정적 풍요로움을 누릴 것이라고 선포할 것이다.

안타깝게도 당신과 나는 나에게 마술 지팡이가 없다는 것을 알고 있다. 하지만 다행히도 그 사실은 조금도 중요하지 않다. 마법 지팡이는 행운의 네잎클로버, 반짝이는 동전, 그리고 토끼 발과 같은 것이다. 우리에게는 그 어떤 것도 필요하지 않다.

운은 근거 없는 믿음이다. 운은 존재하지 않기 때문에 감지할 수 없다. 운은 주사위가 구를 때 바라는 어떤 것이고 주사위가 멈추면 비난받는 그런 것이다. 운은 인생에서 요청할만한 다른 사람이 없는 사람들이 자비, 은혜, 평화, 풍요를 위해 요청하는 것이다.

운은 필요 없다. 당신은 강하고 똑똑하며 유능하다. 당신은 현명하게 선택할 것이다. 이미 중요한 사소한 것들과 앞으로 다가올 더 큰 것들의 약속에 당신의 마음과 영혼과 정신을 활짝 열기로 선택했기 때문이다. 당신은 이해를 높이고 있다. 당신은 매일 더 가치 있는 존재가 되고 있다. 그리고 곧 당신은 그것을 증명할 수 있는 평화와 영향력, 분명한 결과를 얻게 될 것이다.

신의 상상력만이 청사진을 제시할 수 있을 만큼 보람찬 삶, 당신이 곧 이끌어 나갈 그 삶을 살 나와 당신을 미리 축하한다.

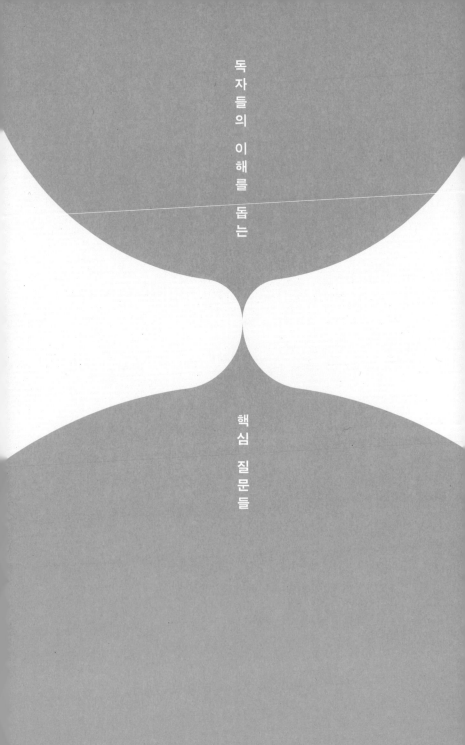

독자들의 이해를 돕는

핵심 질문들

## 들어가는 말

1 관점의 조정이 개인 생활이나 경력에 어떤 중요한 변화를 가져올 수 있는가?

2 '통찰가'의 혜택을 어떻게 이용할 수 있는가?

3 앤디 앤드루스는 전문 통찰가다. 이것이 단순히 그가 대부분의 사람들과 다르게 생각하기 때문이라고 생각하는가, 아니면 이런 종류의 분별력이 재능이라고 생각하는가? 그렇게 생각하는 이유가 무엇인가?

4 최근에 위대한 업적을 이룬 적이 있는가? 그랬거나 혹은 그러지 못한 이유는 무엇인가? 그렇다면 왜 그것을 했고, 어떻게 했는가?


## 저자의 말

1 앤디는 당신이 이 책을 읽으면서 다르게 생각하게 되었기를 바란다. 이 책을 읽고 무엇을 얻었으면 좋겠는가?


## 1장 - 숫자1

1 많은 상황에서 우리는 숫자 '1'이 강력한 숫자라고 생각하지 않는다. 1의 중요한 의미는 무엇이며, 무엇이 1을 강력하게 만들 수 있을까?

2 종종 1과 2 사이의 간격이 넓다. 이 격차의 원인은 무엇이라고 생각하는가? 어떻게 그리고 왜 이런 일이 발생하는가?

## 2장 - 몇 개의 못

1 앤디는 '역사'와 '과거'에는 큰 차이가 있다고 말했다. 이 차이를 보여
   주는 어떤 사례를 기억할 수 있는가?

2 정말 중요한 것이 '사소한 것들'이라면 왜 우리는 그렇게 많은 사소한
   세부 사항을 생략하는 것일까?

3 워털루 전투는 한 줌의 못에 의해 승패가 갈렸다. 아주 사소해 보이는
   것이 큰 차이를 만든 다른 중요한 역사적 사건에 대해 알고 있는가?

## 3장 - 화를 내는 것

1 앤디는 쿠거를 마스코트로 선택한 유타주의 한 새 학교에 대한 이야
   기를 들려주었다. 지역 교육위원회는 '쿠거'라는 단어가 경멸적인 의
   미를 내포하고 있으며, 나이 든 여성에게 불쾌감을 줄 수 있다는 이유
   로 쿠거의 새로운 마스코트 사용을 거부했다. 이것이 정치적 올바름
   을 극단적으로 강조한 사례라고 생각하는가, 아니면 교육위원회가 공
   정한 결정을 내렸다고 생각하는가? 지역 사회나 국가에서 이와 비슷
   한 일이 발생한 다른 사례를 생각해 볼 수 있는가? 해당 결정에 찬성
   했는가, 아니면 반대했는가? 그 이유는 무엇인가?

2 "꼬리가 개의 몸통을 흔든다"는 말이 무엇을 의미하는지 설명해 보
   라. 오늘날의 세상에서 이러한 예로 어떤 것을 들 수 있는가?

3 절대적인 진리 같은 것이 있을까, 아니면 진리는 특정 순간의 상황에

따라 달라지는 상황적 개념일까? 오늘날 대부분의 사람들이 진리를 절대적인 개념으로 인식하는 것과 상황적 개념으로 인식하는 것 중 어느 쪽에 더 가깝다고 생각하는가?

4 '나비 효과'란 무엇인가? 나비 효과는 종종 놀랍도록 긍정적인 결과를 낳기도 하지만, 가족이나 커뮤니티 내에서 불쾌감과 분노를 느끼는 사람들이 나비 효과로 인해 어떤 종류의 치명적인 문제를 일으킬 수 있는가?

5 당신은 '기분이 어떻든 간에 어떻게 행동할지 선택할 수 있는' 능력이 있으며, 어떤 일에 대해 기분이 상할지 말지를 선택할 수 있는 '완전한 통제권'이 있다고 믿는가? 기분이 상한 적이 있는가? 그 상한 기분을 계속 붙잡고 있는가? 이것이 얼마나 위험한 일인지 알고 있는가? 이를 극복하기 위해 무엇을 할 수 있는가?

## 4장 - '왜'라는 한 글자의 질문

1 오늘날 우리 사회가 '왜'라는 사소한 단어의 힘을 과소평가하고 있다고 생각하는가? 이 질문이 탐구하고 답할 가치가 있는 가치가 있는 질문이라고 생각하는가? 왜?

2 일이 잘 풀릴 때 대부분의 사람들은 '왜' 그런지 물어볼 생각을 하지 않는다. 지금이 바로 '왜'라고 스스로에게 물어볼 완벽한 시기인 이유는 무엇인가?

3 앤디는 이 세상에 존재하는 다양한 유형의 사람들, 즉 그룹(z, D, T, L, H, 그리고 보통의 범위를 벗어난 대단한 W)에 대해 흥미롭게 설명했다. 당신은 어느 그룹에 속하는가? 어떤 그룹을 더 닮고 싶고 그 이유는 무엇인가? 그렇게 되기 위해 무엇을 해야 할까?

4 이 장에서는 '원칙은 가장 가치 있는 형태의 상식'이라는 것을 배운다. 특정 원칙에 따라 사는 것은 좋은 일이고 이러한 원칙이 어떻게 작동하는지 아는 것은 꼭 필요하지만, 그 원칙이 왜 작동하는지에 대해 질문해야만 실제로 그 원칙을 우리 삶의 모든 영역에 적용할 수 있다. 당신의 삶을 지배하는 원칙을 완전히 알고 있는가? 그 원칙의 이름을 말할 수 있고, 그 원칙이 실제로 작동하는 이유를 알고 있는가? 이러한 원칙이 가정, 직장 또는 지역 사회에서 당신의 일상생활에 어떤 영향을 미치고 있는가?

## 5장 - 16분의 1인치

1 우리는 종종 사람들이 목표에 거의 도달했거나 인생의 중요한 사건을 성취했을 때 축하하는 것을 듣는다. 이 순간이 정말 축하할 만한 시간일까? 자칫하면 거의 매우 위험한 개념이 될 수도 있는 16분의 1인치 또는 2도의 의미는 무엇인가?

2 새 프로젝트를 시작했는데 일이 생각만큼 빨리 또는 원활하게 진행되지 않아서 낙담한 적이 있는가? 낙담이 신체적으로 어떤 영향을 미

치는가? 체력이 약해지지는 않는가? 앤디는 이러한 상황을 극복하고 다시 한 번 꿈을 이루도록 어떤 조언을 해주고 있는가?

## 6장 - 그만두는 것

1 앤디의 아버지는 그만두는 것에 대해 호되게 교훈을 가르쳤다. 언제 그만두는 것을 선택 사항으로 고려해도 괜찮을까, 아니면 언제라도 괜찮은가? 왜?

2 앤디의 아버지는 앤디가 그만두는 것이 습관화되지 않기를 바랐다. 우리 사회가 전반적으로 너무 쉽게 그만두고 포기하는 과정에 익숙해졌다고 생각하는가? 그렇다면 그 결과는 무엇이라고 보는가? 그렇지 않다면 사람들이 삶이 힘들어도 버티는 이유는 무엇이라고 생각하는가?

## 7장 - 다르게 생각하는 것

1 우리가 때때로 사실을 잘못 해석한다는 데 동의하는가? 그래 본 적이 있는가? 이것이 위험할 수 있는 경우를 생각해 볼 수 있는가?

2 무언가에 대한 생각을 바꿔 본 적이 있는가? 그것이 무엇에 큰 영향을 미쳤는가? 자신의 생각을 검토하고 재검토하는 것의 가치는 무엇인가?

1 소크라테스, 아리스토텔레스, 플라톤은 모두 오래전부터 위대한 사상가였다. 오늘날의 위대한 사상가는 누구라고 생각하는가? 무엇이 그들을 그렇게 만들었는가? 그들은 대부분의 사람들과 어떻게 다른가?

2 사람들은 왜 오늘날의 사상가들에게 도전하기를 거부할까? 그렇다면 도전해야 할까? 왜 도전해야 할까?

3 언제 사람은 '배움의 결승선에 도달'하는가? 아직 도착하지 않았는가? 어떻게 알 수 있는가?

4 앤디는 '조금만 더 이해하면 세상을 바꿀 수 있다'라고 말했다. 이 말이 당신에게는 어떤 의미인가?

5 앤디는 자신의 생각을 기꺼이 살펴볼 준비가 되었을 때 스스로에게 몇 가지 진지한 질문을 던져야 한다고 말했다. 당신의 삶에 변화를 가져올 수 있는 질문에는 어떤 것이 있을까?

9장 – 관점

1 이 장은 다음과 같은 인용문으로 시작했다. '관점은 답 자체보다 일관되게 더 가치 있는 유일한 것이다.' 관점이 왜 그렇게 강력한가?

2 당신은 정말로 자신의 관점을 선택하는가? 무엇이 관점에 대한 이러한 선택에 영향을 미치는가? '인식'과 '관점' 사이에는 어떤 관계가 있을까?

3 관점은 우리가 내리는 결정에 실질적으로 영향을 미칠 수 있다. 하지만 시기도 매우 중요한 요소다. 대부분의 사람들이 의사 결정에 도달하는 방식과 현명한 사람들이 의사 결정을 내리는 방식의 주요 차이점은 무엇일까? 이러한 지식이 어떻게 당신이 의사 결정을 내리는 데에 도움을 줄 수 있을까?

4 맥도날드와 칙필에이가 일요일 영업에 대해 내린 대조적인 결정에 대해 생각해 보라. 영업 일수와 시간을 늘리면 더 많은 수익을 올릴 수 있을 것이라고 생각할 수 있지만, 이 사례에서는 분명히 그렇지 않다. 칙필에이가 매년 맥도날드보다 영업 일수와 영업시간이 적음에도 불구하고 압도적인 성공을 거둘 수 있었던 비결은 무엇이라고 생각하는가?

## 10장 - 공기소총 한 자루

1 이번 장에서는 메리웨더 루이스와 공기소총 한 자루의 위력에 대한 놀라운 이야기를 배운다. 공기소총이 그렇게 강력했을까, 아니면 루이스의 놀라운 명사수 실력이었을까, 아니면 이보다 더 강력한 무언가가 그의 탐험대를 공격으로부터 보호해주었던 것일까? 아마도 그것은 알려진 것과 알려지지 않은 것의 대결이었을 것이다. 어떻게 이런 일이 가능했다고 생각하는가? 이런 지식을 어떻게 활용하면 성공에 도움이 될까?

## 11장 - 남들과 다른 것

1 '누구나 변화를 원하지만 아무도 기꺼이 달라지려고 하지 않는다.' 오늘날 세상에서 이러한 현상이 어떤 방식으로 나타나고 있다고 생각하는가?

2 '평균적인 우수성'이라는 표현은 모순처럼 보인다. 이에 대해 어떻게 생각하는가? 본인이나 지인 및 친구 대부분이 이 범주에 속한다고 생각하는가? 그렇거나 그렇지 않은 이유는 무엇인가?

3 대부분의 10대들은 또래와 다르기를 원하지 않고 다른 사람들과 섞이거나 어울리기를 원했다. 대부분의 성인들도 이와 같은 감정으로 어려움을 겪고 있는가? 그 이유는 무엇인가?

4 어떻게 하면 남들과 다른 것에 익숙해질 수 있는가? 이상하다는 것과 다르다는 것의 차이점은 무엇인가? 어떻게 하면 우리가 다른 사람들이 남들과 다르도록 영감을 주거나 격려할 수 있을까?


## 12장 - 동전의 한쪽 면

1 5센트짜리 동전에 불과한 동전 한 면이 어떻게 지미 보자르트에게 그토록 가치가 있게 되었고, 그의 삶과 미래에 엄청난 영향을 미쳤을까?

2 이 경우 진실은 결국 루돌프 아벨의 발목을 잡았다. 누군가 당신에게 거짓 정보를 제공한 사실을 알게 된 적이 있는가? 진실은 항상 밝혀진다고 믿는가? 그 이유는 무엇인가?

## 13장 - 변화

1 사람들은 왜 종종 변화에 저항하는가? 어떤 변화에 저항해 본 적이 있는가? 왜 저항했는가? 변화는 항상 나쁜 것일까?

2 앤디는 변화가 우리 삶의 많은 부분에 영향을 미치며, 그 변화의 힘을 설명하는 것조차 매우 어렵다고 언급했다. 변화가 당신 또는 지인에게 어떻게 영향을 미쳤는지 설명해 보라. 강력했는가? 왜 그랬는가?

3 우리나라는 지난 몇 년 동안 많은 변화를 겪었다. 이러한 변화가 우리나라와 국민에게 어떤 영향을 미쳤는가? 이러한 변화는 얼마나 강력했는가?

4 앤디는 대부분의 사람들이 변화에 대해 가지고 있는 세 가지 기본적인 믿음이 있으며, 이러한 믿음이 우리가 직면하는 모든 결정에 영향을 미친다고 말했다. 이어서 그는 이 세 가지 믿음은 모두 "완전히 그리고 절대적으로 틀리다"고 말하며, 왜 그 믿음들이 근거 없는 믿음인지 설명했다. 과거에 믿었던 것이 사실이 아니라는 것을 깨달은 사례를 한 가지 들어보라. 그 깨달음이 당신의 삶에 어떻게 영향을 미쳤는가?

5 앤디는 진정한 변화가 일어나기 전에 반드시 갖춰야 할 두 가지 '요소'가 있다고 굳게 믿는다. 이 두 가지 요소에 대해 자세히 읽어 보면서 변화에 대한 당신의 견해와 어떻게 일치하거나 달라졌는가? 이것이 당신이 실행하려는 변화에 어려움을 겪고 있는 가족이나 동료를 대할 때 어떻게 도움이 될까?

## 14장 – 최고가 되는 것

1 '믿음 강요'가 직장, 가족, 그리고 친구들에게 어떻게 작용할 수 있는가?

2 실제로 최고가 무엇인지 생각해 본 적이 있는가? 우리 모두는 우리에게 가장 좋은 것, 우리 가족에게 가장 좋은 것, 우리 경력에 가장 좋은 것을 원했다. 그것은 정확히 어떤 모습인가? 가장 좋은 것, 즉 최고를 어떻게 설명할 것인가?

3 이제 앤디가 우리에게 주는 진짜 도전 과제는 다음과 같다. 당신의 삶을 돌아보라. 당신이 상상할 수 있는 최고의 삶. 이제 신이 당신을 위해 계획하신 최고의 삶과 나란히 놓아 보라. 두 삶이 어떻게 비교될 것 같은가? 비슷한 점이 조금이라도 있는가, 아니면 엄청나게 다른가? 이 두 삶을 더 가깝게 일치시키려면 어떻게 해야 할까? 왜 이 두 삶이 더 밀접하게 일치하기를 바라는가?

4 우리는 종종 심각한 어려움을 겪을 때 모든 역경을 이겨내고 극복할 수 있는 위대한 힘이 생긴다는 이야기를 들어왔다. 이러한 힘은 어디에서 오는 것이며, 앞으로 우리에게 어떻게 도움이 될까?

## 15장 – 존재하는 것에 눈을 크게 뜨고 바라보는 것

1 폴리는 앤디가 보든 안 보든 저녁놀은 항상 그곳에 있었다고 상기시켜주었다. 그렇다면 보지 않기로 선택했을지도 모르는 것을 어떻게 바꿀 수 있을까?